Der große XENOS-
Körperatlas
für Kinder

Illustrationen: Hans G. Schellenberger
Text: Maren von Klitzing

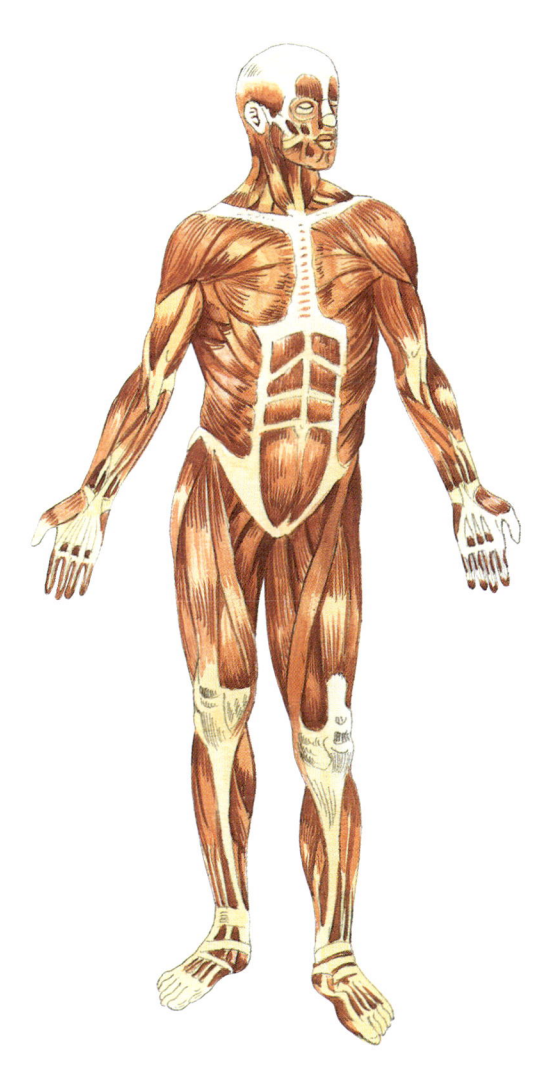

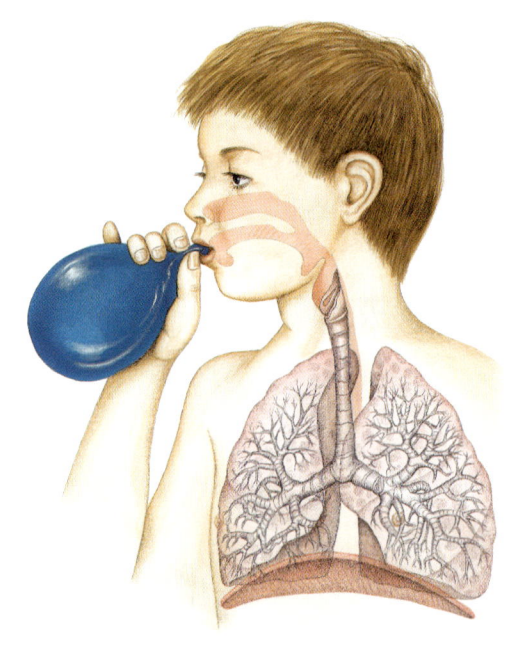

ISBN 3-8212-2677-3
© XENOS Verlagsgesellschaft mbH
Am Hehsel 40, 22339 Hamburg
Illustrationen: Hans G. Schellenberger
Text: Maren von Klitzing
Satz & Lithos: Bargsted & Ruhland, Hamburg
Fachlektorat: Dieter Schmidt
Alle Rechte vorbehalten
Printed in Slovakia

Inhalt

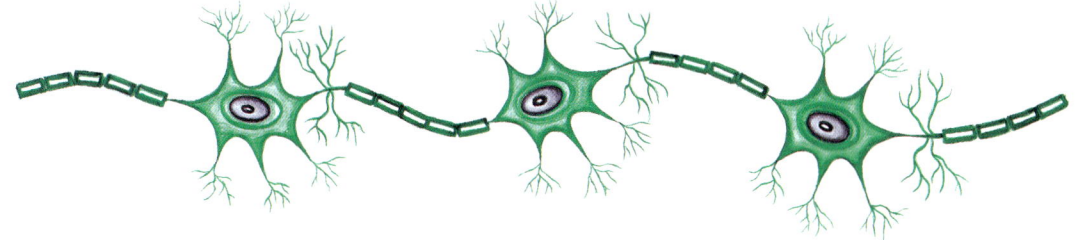

Unser Körper ist unser Leben

Unser Körper ist ein Wunderwerk der Natur. Seine verschiedenen Einheiten – die inneren Organe, die Sinne, das Blut, die Nerven, die Muskeln – sind alle für sich genommen komplizierte und sehr fein ausgeklügelte Systeme.

Der menschliche Körper besteht aus Milliarden winziger Einheiten, den Zellen. Am Anfang war da nur eine einzige Zelle, die entstanden ist, als die Eizelle der Mutter mit dem Spermium des Vaters verschmolzen ist. Diese erste Zelle enthält schon alle Informationen, um sich zu einem vollständigen Menschen zu entwickeln. Sie teilt sich weiter und weiter und die neuen Zellen spezialisieren sich, je nachdem, zu welchem Organ sie gehören sollen.
In neun Monaten wächst dann im Bauch der Mutter das Baby heran. In den ersten Lebenswochen ist es nur wenige Millimeter klein, doch bei der Geburt erreicht es schon eine Länge von 50 cm und ein

Sie arbeiten perfekt zusammen und machen niemals Pause. Nirgends auf der Welt gibt es eine Maschine, die all das kann. In diesem Wunderwerk befinden wir uns vom ersten bis zum letzten Tag – ein ganzes Leben lang.

Gewicht von über 3 kg. Allein im ersten Lebensjahr wächst ein Säugling so schnell wie nie wieder in seinem ganzen Leben. Ein einjähriges Kind ist etwa dreimal so schwer wie bei der Geburt und 18 cm größer. Gegen Ende der Kindheit, in der so genannten Pubertät, gibt es noch einmal einen gewaltigen Wachstumssprung von 8–10 cm pro Jahr.
Mit 18–21 Jahren ist der Körper eines Menschen ausgewachsen. Nur die Ohren nicht, sie werden ein Leben lang immer größer. Die Lebenserwartung wird immer höher. Im Jahr 1900 wurden in Deutschland 40 Menschen 100 Jahre alt.
Im Jahr 1999 erreichten 7.000 Menschen das hundertste Lebensjahr.

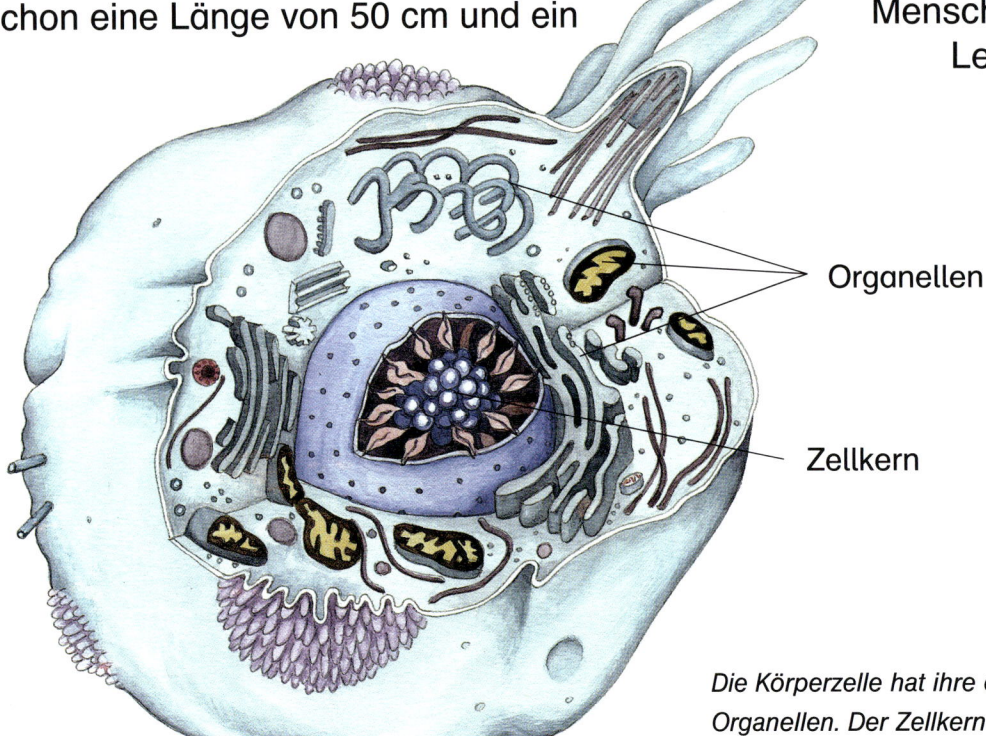

Organellen

Zellkern

Die Körperzelle hat ihre eigenen winzig kleinen Organe, die Organellen. Der Zellkern in der Mitte enthält das Erbgut. Das ist die Information darüber, wie die Zelle wachsen und arbeiten soll.

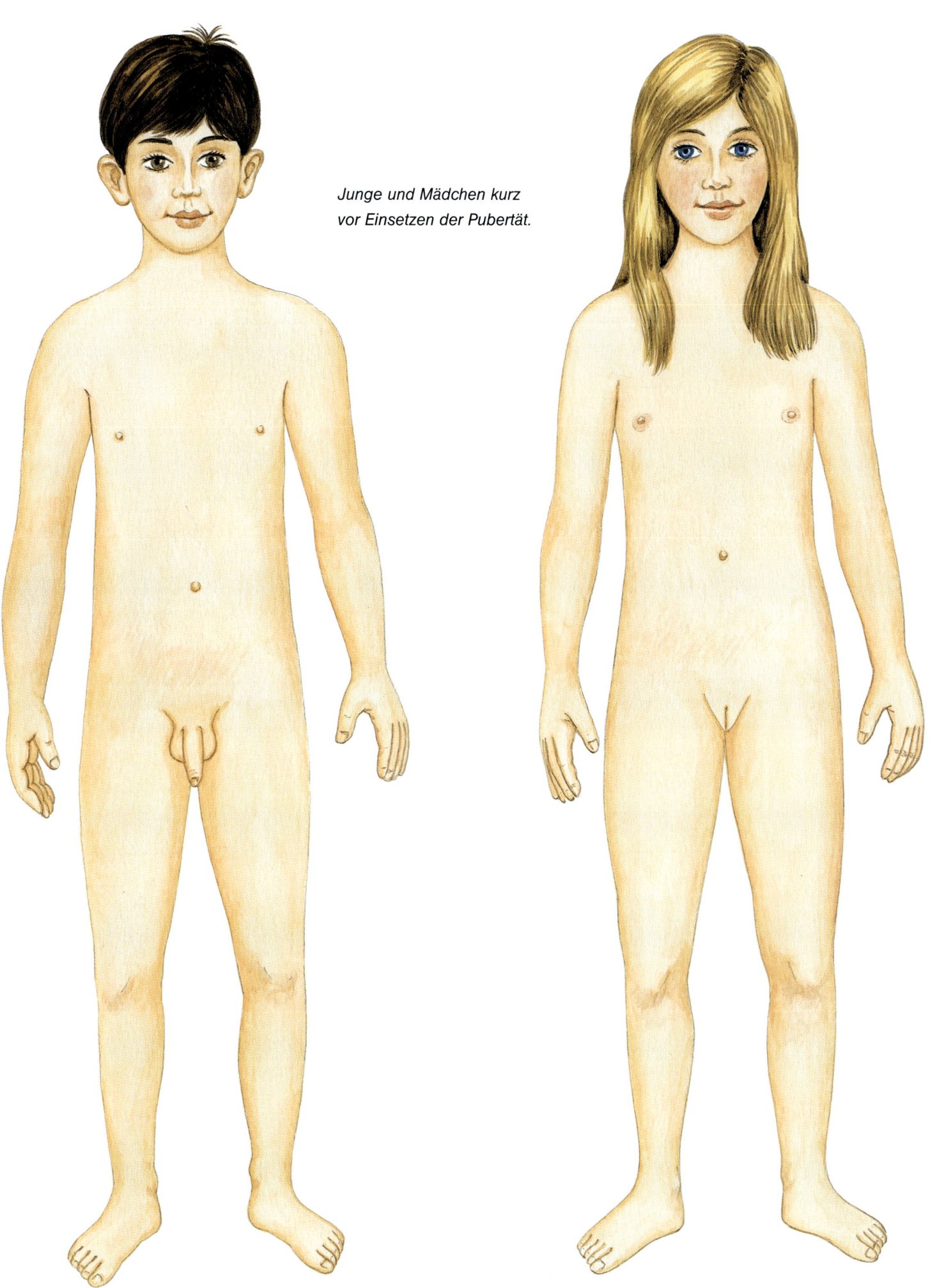

Junge und Mädchen kurz vor Einsetzen der Pubertät.

Das Skelett – Gerüst unseres Körpers

Auf Röntgenaufnahmen ist unser Skelett deutlich zu sehen. Es besteht aus mehr als 200 Knochen. Einige davon, zum Beispiel die Rippen oder das Handgelenk, kann man deutlich fühlen. Andere, wie der Oberschenkelknochen, sind von dicken Muskelpaketen umschlossen.

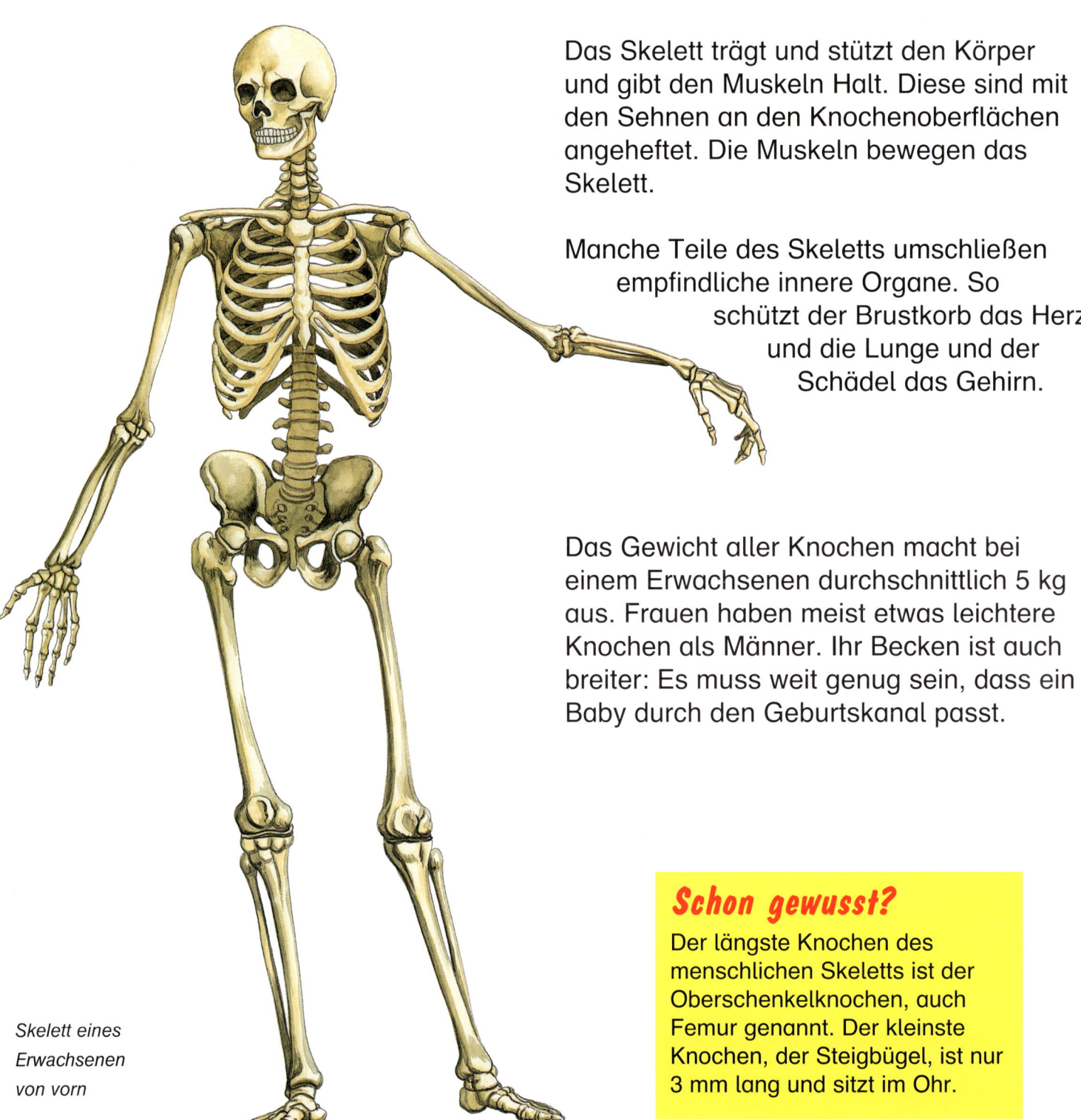

Das Skelett trägt und stützt den Körper und gibt den Muskeln Halt. Diese sind mit den Sehnen an den Knochenoberflächen angeheftet. Die Muskeln bewegen das Skelett.

Manche Teile des Skeletts umschließen empfindliche innere Organe. So schützt der Brustkorb das Herz und die Lunge und der Schädel das Gehirn.

Das Gewicht aller Knochen macht bei einem Erwachsenen durchschnittlich 5 kg aus. Frauen haben meist etwas leichtere Knochen als Männer. Ihr Becken ist auch breiter: Es muss weit genug sein, dass ein Baby durch den Geburtskanal passt.

Skelett eines Erwachsenen von vorn

Schon gewusst?

Der längste Knochen des menschlichen Skeletts ist der Oberschenkelknochen, auch Femur genannt. Der kleinste Knochen, der Steigbügel, ist nur 3 mm lang und sitzt im Ohr.

Die Knochen

Kaum ein Material in unserem Körper ist so hart und stabil und dabei gleichzeitig so elastisch wie ein Knochen. Größere Knochen haben neben ihrer Stützfunktion eine weitere wichtige Aufgabe. In ihren stark durchbluteten Hohlräumen befindet sich das Knochenmark, das täglich Milliarden von Blutkörperchen herstellt. Nirgendwo sonst im Körper wäre das empfindliche Knochenmark so geschützt.

Der Aufbau der Knochen

Die meisten Knochen sind Röhrenknochen und von innen hohl. Sie werden von einer äußeren Haut, dem Periost, umhüllt. In und unter dieser Knochenhaut befinden sich Blutgefäße. Sie durchziehen auch die darunter liegende harte Knochenhülle, die man Kompakta nennt. Die Knochenhohlräume werden an einigen Stellen durch ein schwammartiges Geflecht stabilisiert und abgestützt. Dieses Innengeflecht heißt Spongiosa.

In der Mitte des Knochens liegt das Knochenmark, das neue Blutzellen herstellt. Knochen sind keinesfalls lebloses Material. Dafür sorgen schon die vielen kleinen Bewohner, winzige Zellen, die ständig den Knochen auf- und abbauen. Auf dieser Dauerbaustelle trägt ein Heer von Zellen, die Osteoblasten, Schicht für Schicht neues Knochenmaterial auf. So lassen diese speziellen Zellen den Knochen wachsen und reparieren Brüche. Währenddessen nagt ein anderer Zelltyp, die Osteoklasten, älteres Knochenmaterial ab. Auf diese Weise erneuert der Körper allmählich jeden Knochen. Etwa alle acht Jahre wird die Knochensubstanz komplett ausgetauscht. Ab dem mittleren Lebensalter bauen die Osteoklasten mehr ab, als die Osteoblasten wieder aufbauen können. Das führt zu einem allmählichen Abbau der Knochensubstanz im Alter.

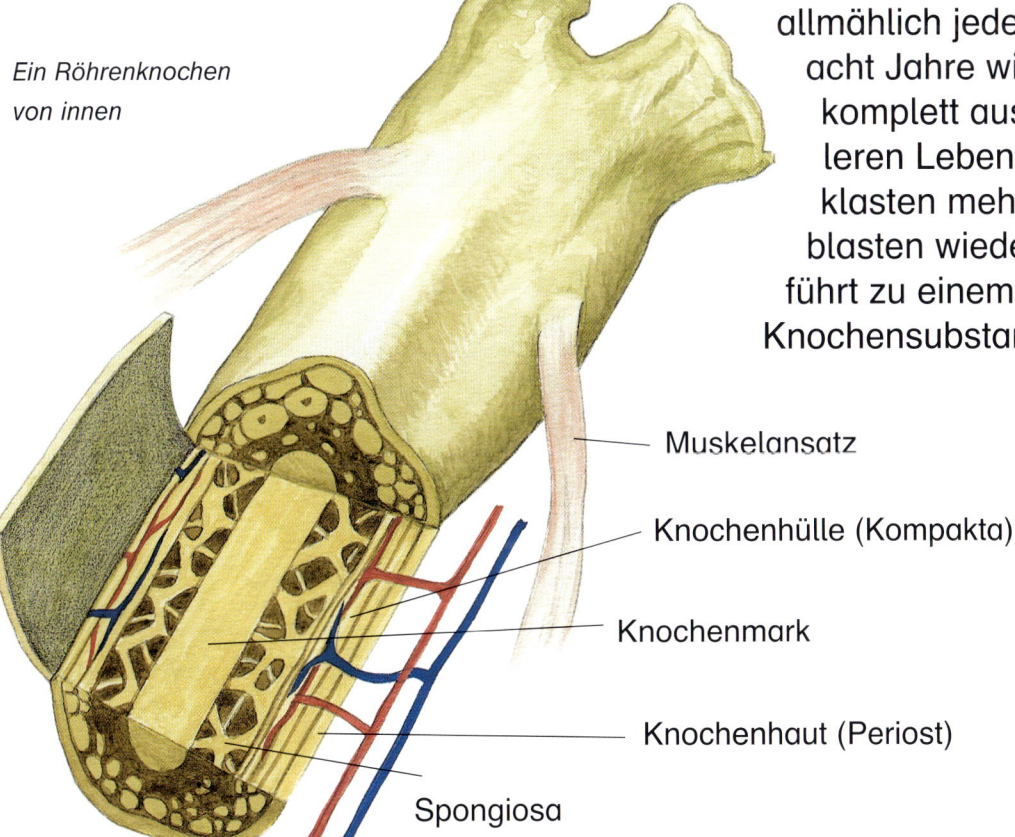

Ein Röhrenknochen von innen

Muskelansatz

Knochenhülle (Kompakta)

Knochenmark

Knochenhaut (Periost)

Spongiosa

Die Gelenke

Bei fast allen Bewegungen brauchen wir die Gelenke: Wir drehen den Kopf zur Seite, machen einen Schritt nach vorn, führen die Hand zum Mund, ballen eine Faust, fahren Fahrrad – ohne unsere 68 Gelenke wären wir starr und unbeweglich. Neben ihrer wichtigen Aufgabe, uns Beweglichkeit zu ermöglichen, sind Gelenke auch Stoßdämpfer, die unsere Bewegungen abfedern und die zerbrechlicheren Knochen entlasten.

Einfache Gelenke verbinden zwei einzelne Knochen, wie beispielsweise im Fingergelenk. Bei zusammengesetzten Gelenken, wie dem Handgelenk oder Knie, sind mehrere Knochen beteiligt. Dafür, dass zwei Gelenkknochen ineinander passen, sorgt ihre Form: Einer der Knochen ist leicht

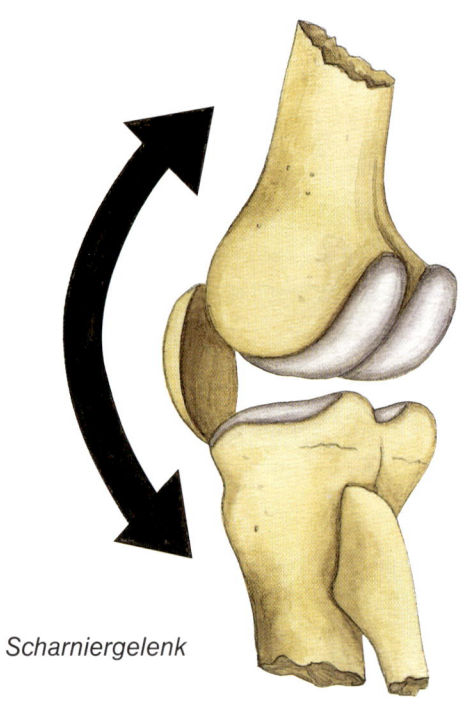

Scharniergelenk

gewölbt bis kugelig – das ist der Gelenkkopf. Der andere Knochen, die Gelenkpfanne, hat eine leichte Delle. So können sie sich ineinander bewegen, ohne zu verrutschen.
Die Gelenke sind von einer Hülle aus Bindegewebe, der Kapsel, umschlossen. Bänder und Sehnen sorgen von außen für Halt.

Scharniergelenke befinden sich im Ellenbogen und im Knie. Sie ermöglichen Auf- und Abbewegungen, manchmal auch geringfügige Drehbewegungen. So z. B. beim Ellenbogengelenk, sonst ließe sich der Unterarm nicht drehen.
Kugelgelenke finden sich an Schultern und Hüften. Sie lassen Bewegungen in alle Richtungen zu. Nur die an den Knochen ansetzenden Muskeln und Bänder beschränken die Bewegungsfreiheit.

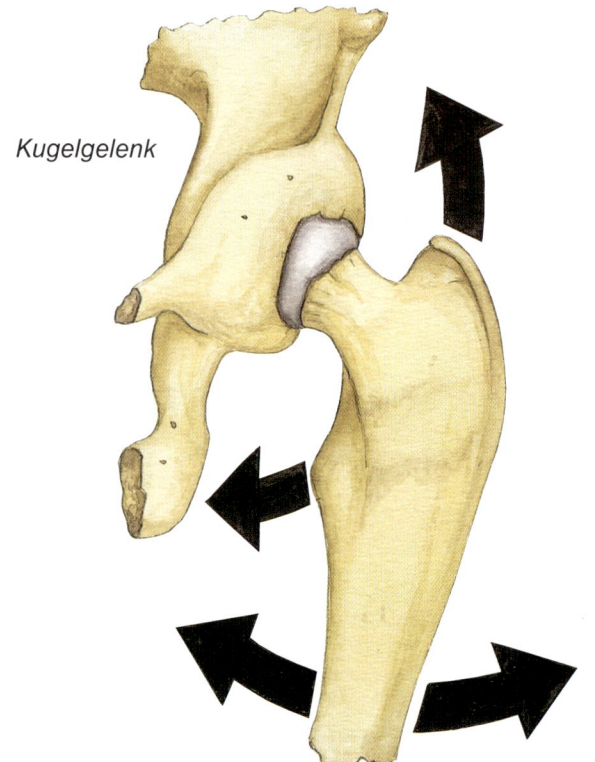

Kugelgelenk

Drehgelenke verbinden die zwei obersten Halswirbel mit dem Schädel und ermöglichen Drehungen des Kopfes.

Die Wirbelsäule – unser Rückgrat

Wenn wir ganz langsam einen Purzelbaum machen, können wir jeden einzelnen Wirbel unserer Wirbelsäule spüren. Die Wirbelsäule, auch Rückgrat genannt, beginnt direkt unter dem Kopf mit den Halswirbeln und endet da, wo der Po anfängt, mit dem Steißbein.

Insgesamt gehören 28–31 Knochen zur Wirbelsäule: 7 Halswirbel, 12 Brustwirbel, 5 Lendenwirbel, das Kreuzbein (in dem fünf Wirbelanlagen zusammengewachsen sind) und schließlich das Steißbein, das aus 3–6 Knochen bestehen kann. Die Wirbelkörper werden im unteren Teil der Wirbelsäule immer größer. Kein Wunder, im Lendenbereich ist die Belastung durch das Körpergewicht besonders stark. Die Wirbelsäule besteht aus den Wirbelkörpern, die durch knorpelige Bandscheiben miteinander verbunden sind. Aufgabe der Bandscheiben ist es, die Wirbelkörper abzupolstern und gleichzeitig zu verbinden.

So wie sie übereinander liegen, bilden die ringförmigen Wirbelkörper einen Hohlraum, in dem sich das Rückenmark befindet. Das Rückenmark mit seinen vielen Nervenzellen ist ein wichtiger Mitarbeiter des Gehirns. Auf der Haut am Rücken können wir die Dornfortsätze ertasten, die von den Wirbelkörpern nach hinten herausragen. Sie schützen den Rückenmarkskanal. Außerdem sind daran Muskeln und Bänder befestigt, die der Wirbelsäule Halt geben.

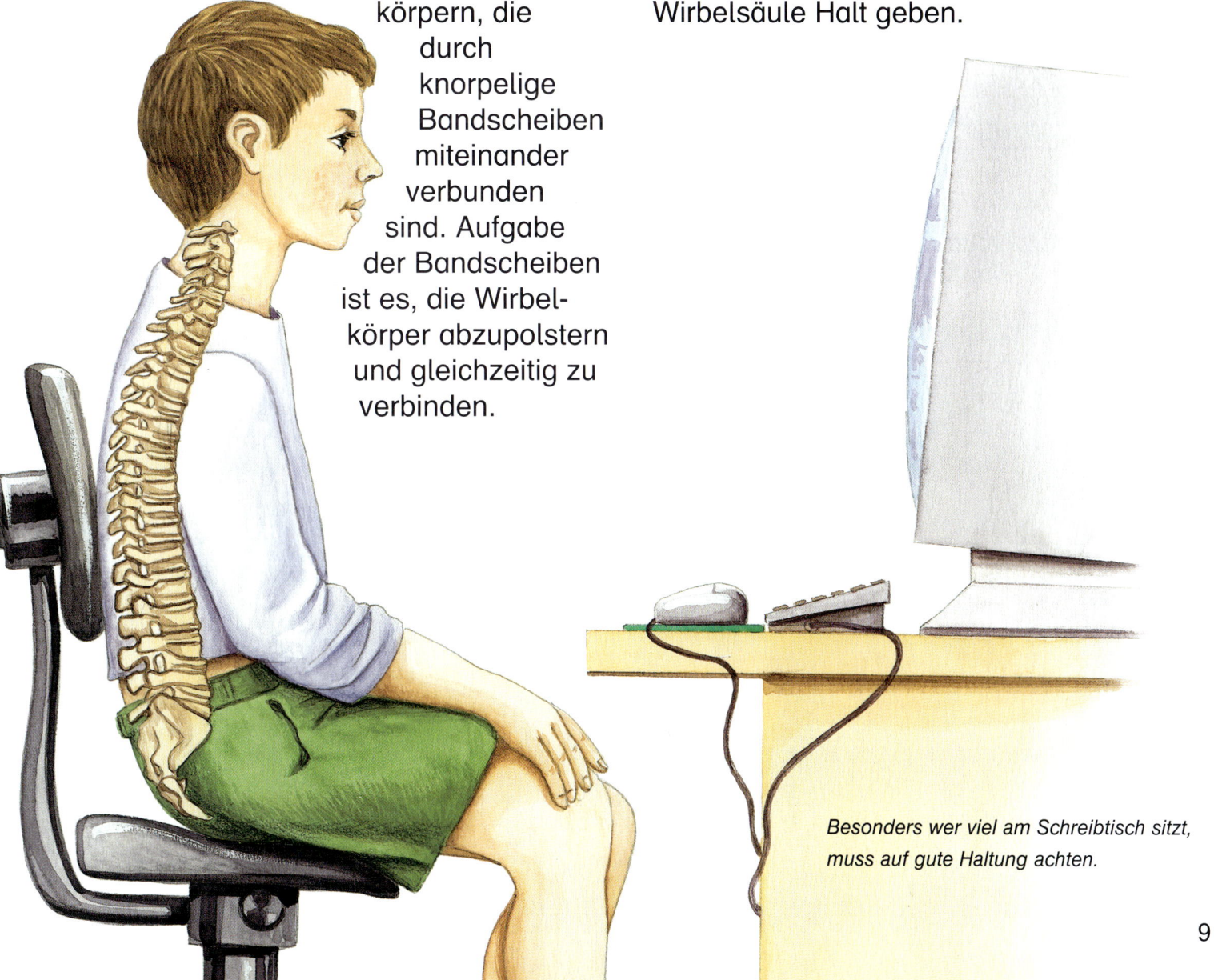

Besonders wer viel am Schreibtisch sitzt, muss auf gute Haltung achten.

9

Die Muskeln

Stolz präsentiert ein Gewichtheber seine Muskeln. Durch ständiges Training sind sie groß und kräftig geworden.
Etwa 650 Muskeln gehören zum menschlichen Körper. Jeder Muskel besteht aus vielen einzelnen dünnen, faserartigen Zellen. Sieht man sich diese Muskelzellen unter dem Mikroskop an, erkennt man deutlich Unterschiede. Man unterscheidet drei verschiedene Bautypen.

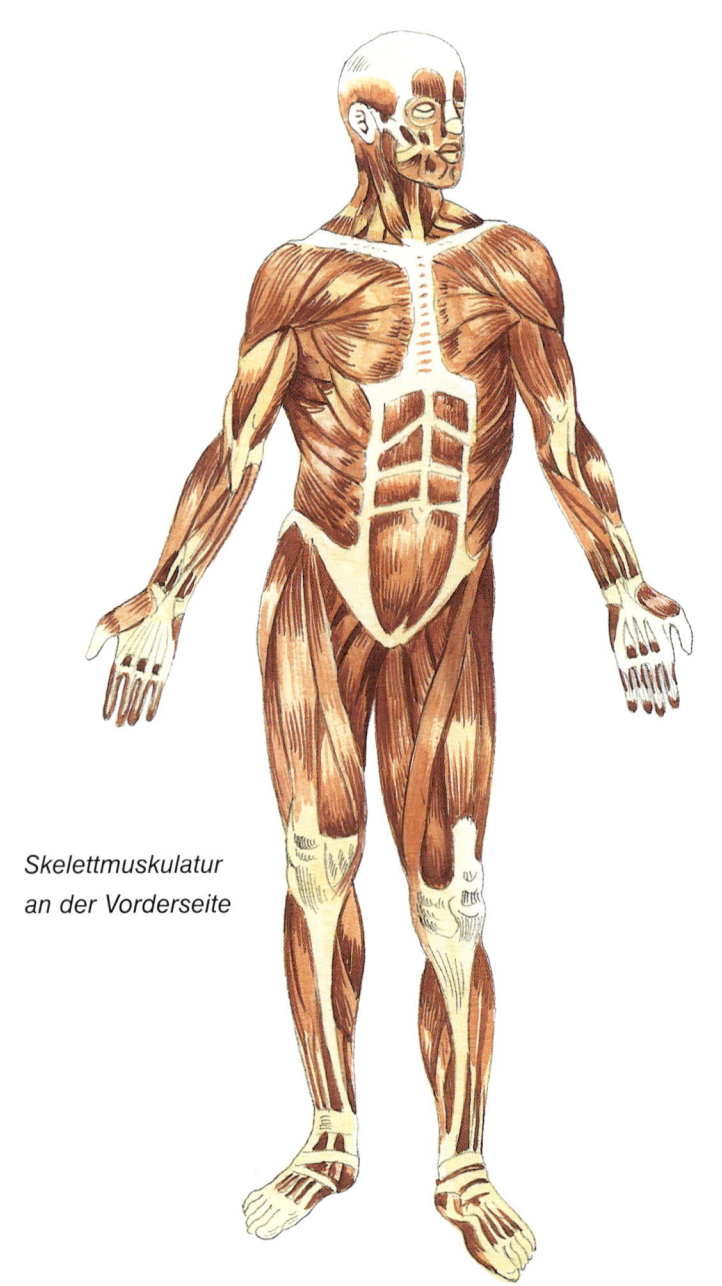

Skelettmuskulatur an der Vorderseite

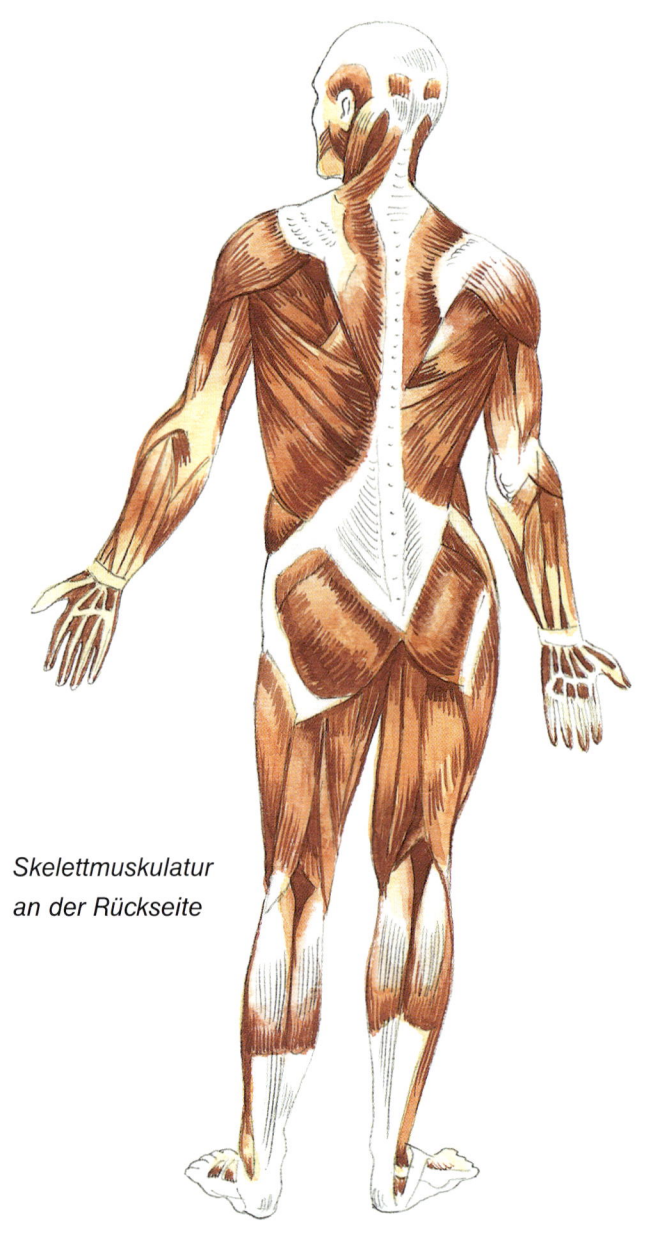

Skelettmuskulatur an der Rückseite

Die Skelettmuskeln, die unsere Knochen und Gelenke bewegen, weisen in der Vergrößerung ein Streifenmuster auf. Deshalb bezeichnen wir diesen Typ als quer gestreifte Muskulatur. Diese Muskeln müssen in der Lage sein, sich schnell zu bewegen oder in einer bestimmten Haltung längere Zeit zu bleiben. Oft können wir die

Tätigkeit unserer Skelettmuskeln willentlich bestimmen, zum Beispiel indem wir beschließen zu laufen, zu sitzen oder zu springen. Viele dieser Skelettmuskeln können wir auch fühlen oder sehen.

Bewegliche Muskelhüllen umschließen z. B. die Blutgefäße, den Darm und die Blase. Unter dem Mikroskop sind diese Muskeln ganz glatt, weshalb man sie als glatte Muskulatur bezeichnet. Diese glatten Muskeln müssen dem Druck, der durch die Füllung des jeweiligen Organs entsteht, standhalten. Dabei ist die Geschwindigkeit, mit der sich diese Muskeln zusammenziehen und wieder erschlaffen, eher unwichtig. Die glatten Muskeln arbeiten 100- bis 1.000-mal langsamer als die Skelettmuskeln. Anders als diese können wir sie nicht willentlich beeinflussen.

Der Herzmuskel gehört zum dritten Muskeltyp. Die einzelnen Muskelzellen des Herzens sind durch spezielle Kontaktzonen, den Glanzstreifen, miteinander verbunden. Diese Glanzstreifen sorgen dafür, dass die einzelnen Muskelzellen des Herzens eine Einheit bilden.

Bekommt eine Muskelzelle den Impuls, sich zusammenzuziehen, so wird dieser Impuls im Bruchteil einer Sekunde auf alle Muskelzellen des Herzens ausgeweitet. Dieser Vorgang lässt unser Herz gleichmäßig schlagen.

Skelettmuskeln: schnell und willentlich steuerbar

Bewegung

Unsere Muskeln arbeiten, indem sie sich zusammenziehen. Bei den Skelettmuskeln, die durch Sehnen mit den Knochen verbunden sind, sieht das so aus: Das Gehirn gibt an die Nerven einen Befehl, zum Beispiel „Arm beugen". Die Nerven nehmen mit den Muskelfasern Kontakt auf und geben den Befehl weiter. Blitzschnell schließen sich daraufhin die einzelnen Muskelfasern zu einer „Arbeitsmannschaft" zusammen. Gemeinsam ziehen sie sich zusammen, werden kürzer und dicker, ziehen so an der undehnbaren Sehne und bewegen den Knochen.

So wie Tänzer zusammenarbeiten, indem sie sich in Entsprechung zum Partner bewegen, so arbeiten auch die Muskelpartien zusammen. Und zwar bei jeder Bewegung.

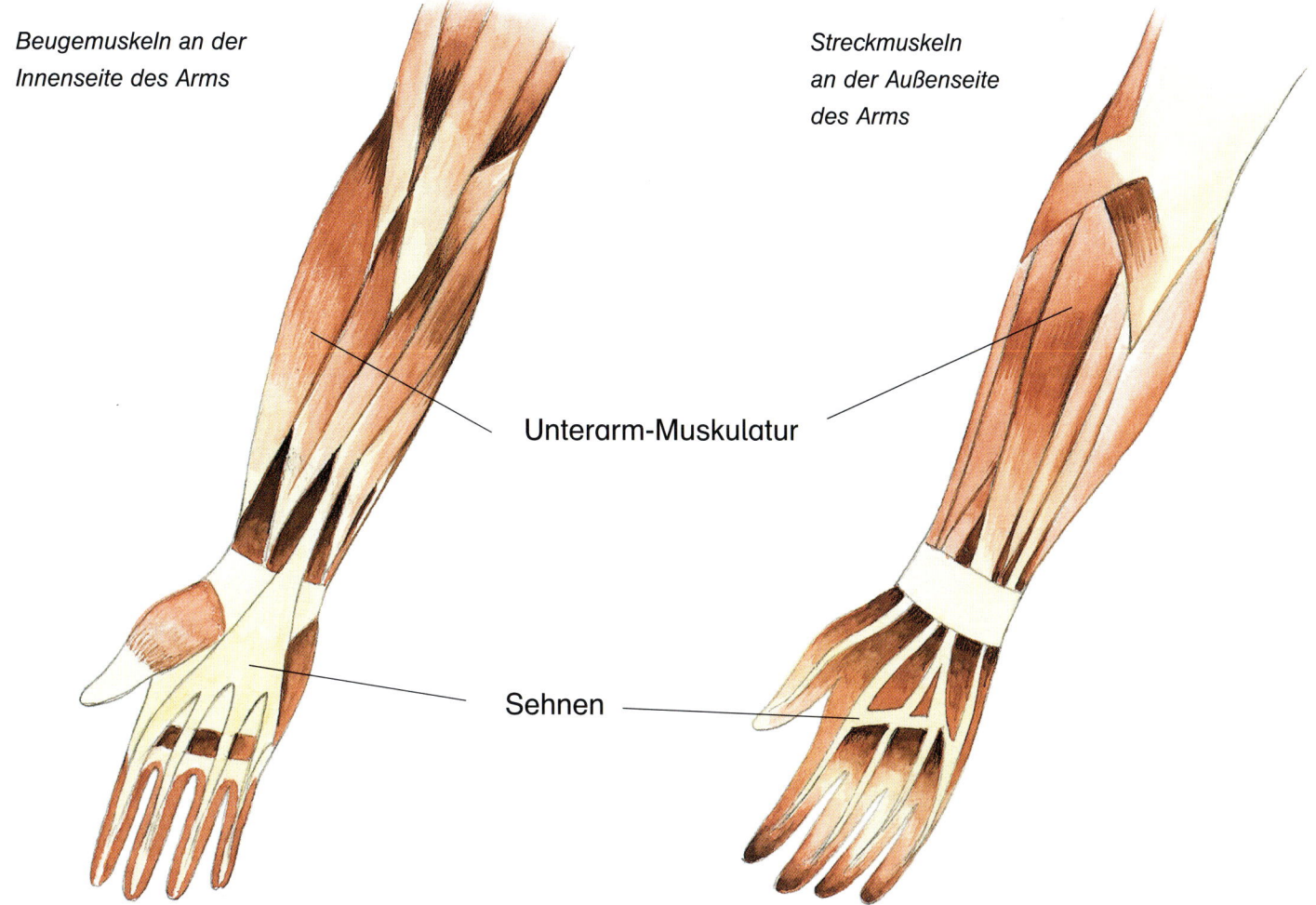

Beugemuskeln an der
Innenseite des Arms

Streckmuskeln
an der Außenseite
des Arms

Unterarm-Muskulatur

Sehnen

Um Bewegungsabläufe wie beim Tanzen zu ermöglichen, müssen verschiedene Teile des Körpers perfekt zusammenarbeiten. Die Knochen müssen stabil sein, weil große Kräfte an ihnen zerren. Die Gelenke müssen „gut geschmiert" und beweglich sein. Viele verschiedene Muskelgruppen müssen in Entsprechung zueinander arbeiten und an Sehnen ziehen, die wiederum so fest sein müssen, dass sie nicht reißen. Schließlich muss das Gehirn den Befehl zum Bewegen geben, und es ist Aufgabe der Nerven, diesen Befehl richtig weiterzuleiten, zum Beispiel zu den Beinen und Füßen. Sollte es irgendwo eine Störung geben, sind es wieder die Nerven, die Schmerz melden. Dann wird das Gehirn seinen Befehl zur Bewegung ändern.

Obwohl die Hände unsere wichtigsten Werkzeuge sind, haben sie keine kräftigen Muskeln. Wenn wir zugreifen, kommt die meiste Kraft von den Muskeln im Unterarm. Diese Kraft wird über die Sehnen in die Knochen der Hände weitergeleitet. Jede Hand verfügt über 27 Knochen.

Schon gewusst?

Wenn du deinen Körper beim Sport überanstrengt hast, bekommst du Muskelkater. Die Schmerzen entstehen durch winzige Risse in den Muskelfasern. Gönne dir bei Muskelkater am besten ein heißes Bad. Das fördert die Durchblutung und hilft deinem Körper, sich selbst zu reparieren.

Das Gehirn – unsere Schaltzentrale

Das Gehirn ist unsere Schaltzentrale, in der ca. 100 Milliarden Nervenzellen wichtigste Aufgaben bewältigen. Es verarbeitet sämtliche Eindrücke und Reize oder speichert Erinnerungen und Erlerntes. Das Gehirn ist auch für unsere Wahrnehmung zuständig und begreift, was wir empfinden, hören, sehen, schmecken und fühlen. Es findet die richtigen Wörter, kann kopfrechnen, lesen und ein Leben lang Neues lernen. Kurz, es vollbringt wahre Wunderwerke!

Könnten wir die Schädeldecke aufschrauben, so würden wir zunächst das Großhirn erblicken, das einer überdimensionalen Walnuss ähnlich sieht. Es ist in die rechte und in die linke Hirnhälfte unterteilt.

Einzelne Bereiche der Hirnhälften sind für verschiedene Fähigkeiten zuständig. So entspringen Ideen häufig der rechten Hirnhälfte. Auch Bilder stellen wir uns mit Hilfe der rechten Hirnhälfte vor. Bestimmte Bereiche der linken Hirnhälfte nutzen wir für das Sprechen, Rechnen oder das Schreiben. Darüber hinaus steuert das Großhirn als oberste Befehlszentrale auch unsere vom Willen gelenkten Bewegungen und verarbeitet die Sinneswahrnehmungen der Augen, Ohren, der Nase und der Haut. Das alles sind umfassende Aufgaben. Kein Wunder, dass sich rund 70 Prozent aller Nervenzellen in der Großhirnrinde befinden.
Im mittleren Bereich unter dem Großhirn liegt das Zwischenhirn. Es filtert die Informationen, Sinneseindrücke und Reize, die in das Großhirn weitergeleitet werden. Ohne diesen strengen „Wächter" hätten wir kaum eine Möglichkeit, alles zu verarbeiten, was wir erleben. Im Zwischenhirn sitzen außerdem einige Drüsen, die verschiedene Hormone – also Wirkstoffe, die bestimmte Körperfunktionen regulieren – produzieren und ihre Ausschüttung kontrollieren.

Das Großhirn sieht aus wie eine riesige Walnuss.

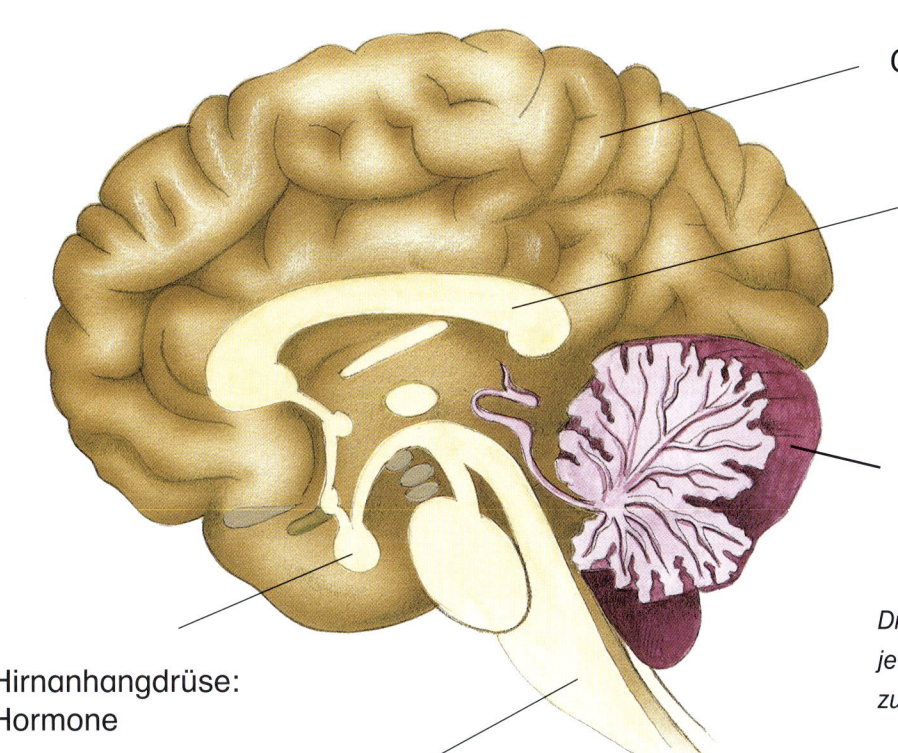

Großhirn: Denken

Balken:
Sinneswahrnehmungen,
Aufmerksamkeit

Kleinhirn:
Zusammenspiel der Muskeln

Hirnanhangdrüse:
Hormone

Hirnstamm:
Herzschlag und Atmung

Die verschiedenen Zonen des Gehirns sind jeweils für ganz bestimmte Aufgabenbereiche zuständig.

Da gibt es zum Beispiel die erbsengroße Zirbeldrüse, die vor allem nachts ein Hormon, das Melatonin, herstellt. Es macht uns abends müde und sorgt für einen festen Schlaf.
Ebenfalls zum Zwischenhirn gehört das limbische System, der Sitz unserer Gefühle.
Das Kleinhirn, das im hinteren Bereich unter dem Großhirn und dem Zwischenhirn liegt, steuert die automatischen Muskelbewegungen und ist für unser Gleichgewicht verantwortlich.
Der Hirnstamm ist der Informationskanal zwischen dem Gehirn und dem übrigen Körper und besteht aus einem kompakten Bündel von Nervenzellen. Hier sind auch die Zentren beherbergt, die Atmung, Herzschlag und Kreislauf steuern.

Beim Schachspiel ist das Großhirn gefragt. Hier finden die Denkprozesse statt.

Schon gewusst?

Menschen haben nicht das größte Gehirn von allen Lebewesen. Elefanten haben viel größere Gehirne als Menschen. Doch im Verhältnis zum Körper ist unser Gehirn größer als das der Elefanten. Auch das Großhirn, Sitz der Gedanken und der Kreativität, ist beim Menschen größer als bei den Tieren. Nur die höher entwickelten Säugetiere, z. B. Katzen und Schimpansen, haben Großhirne, die fast so kompliziert sind wie das menschliche Gehirn.

Das Nervensystem

Ganz gleich, ob wir schlafen oder wach sind – pausenlos arbeiten unsere Nerven und bringen Botschaften zum Gehirn hin und vom Gehirn fort. Ein unbewusstes Augenzwinkern, eine schwierige Turnübung und sogar das Träumen im Schlaf hängen vom Funktionieren des

Zum Nervensystem gehören das Gehirn als Zentrale, das Rückenmark, das aus einem dicken Strang von Nervenfasern besteht und eine Verlängerung des Gehirns in der Wirbelsäule darstellt, sowie alle Nervenstränge im Körper. Gehirn und Rückenmark bezeichnet man zusammen als „Zentrales Nervensystem".
Vom Rückenmark aus verzweigen sich die Nervenzellen des so genannten „peripheren Nervensystems" und bilden ein Netzwerk, das sich vom Scheitel bis zur Sohle über den ganzen Körper erstreckt.

Nervensystems ab. In diesem körpereigenen Informationsnetz gibt eine Nervenzelle im Bruchteil einer Sekunde ihre Botschaften an die nächste Nervenzelle weiter – bis sie den Empfänger, Gehirn, Muskel oder Organ, erreicht hat.

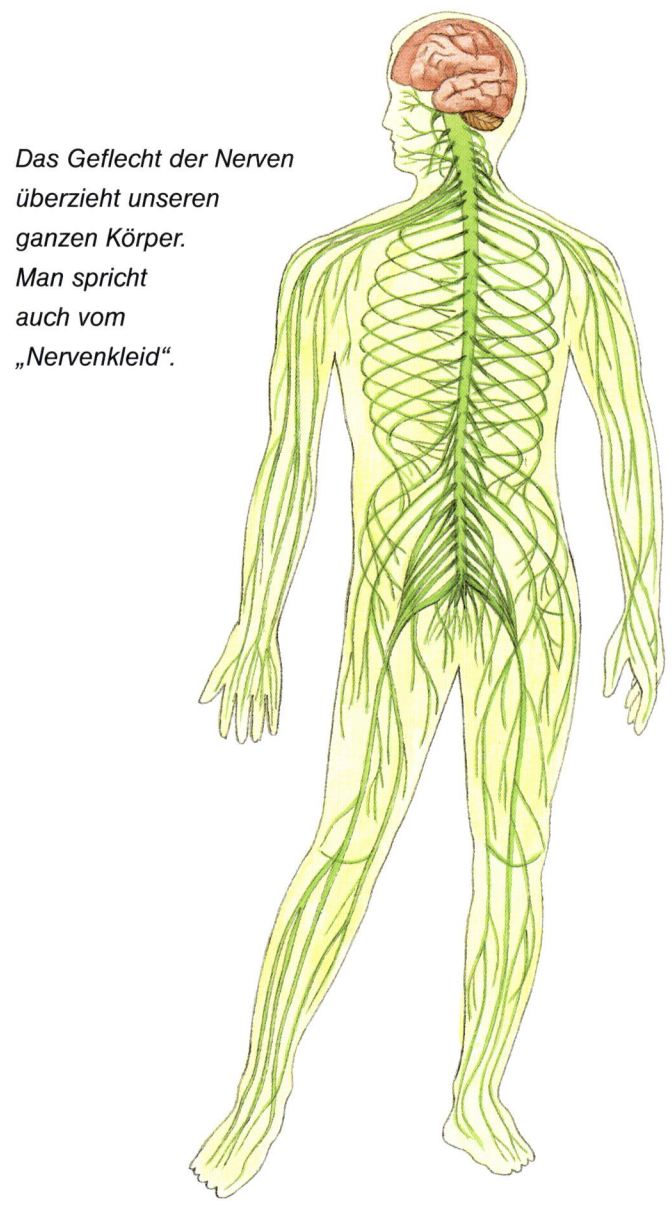

Das Geflecht der Nerven überzieht unseren ganzen Körper. Man spricht auch vom „Nervenkleid".

Die sensorischen Nervenzellen spüren den Wespenstich und senden den Reiz an das Gehirn.

Manche Nervenzellen können über einen Meter lang sein und reichen von der Wirbelsäule bis in die Fußspitzen. Die Impulse werden durch zwei verschiedene Nerventypen durch den Körper geleitet, die motorischen und die sensorischen Nerven.

Wenn wir zum Beispiel gehen wollen, gibt das Gehirn diese Botschaft über das Rückenmark an die Beinmuskeln weiter. Für die Übertragung dieser Botschaft sind die motorischen Nervenzellen zuständig. Sie leiten die Signale vom Zentrum, dem Gehirn, bis nach außen in die Muskeln. Angenommen, wir werden von einer Wespe gestochen. Dann leiten die hochempfindlichen Nervenenden diese Empfindung über sensorische Nervenzellen weiter, bis sie beim Zentralnervensystem angekommen sind. Das Gehirn wertet die Wahrnehmung aus und übermittelt uns: „Aua, da pikst etwas! Die Wespe hat mich gestochen." Die sensorischen Nervenzellen übermitteln also die Botschaften von außen nach innen, ins Zentrum.

Viele Vorgänge im Körper sind automatisch. Wir steuern zum Beispiel nicht bewusst das Atmen, den Herzschlag oder befehlen dem Magen, das Abendessen zu verdauen. Die Steuerung dieser Vorgänge wird vom autonomen Nervensystem übernommen.

Unter dem Mikroskop sieht eine Nervenzelle so aus: Der Zellkörper hat ringsherum verästelte Auswüchse, die Dendriten. An jedem Dendriten befindet sich ein langer, dünner Schweif, das Axon. Dieses funktioniert wie ein „Übertragungskabel" für die Impulse und kann bis zu einen Meter lang werden. Das Ende des Axons

verzweigt sich wiederum in viele kleine Äste mit winzigen Köpfen, den Synapsen. Diese haften an anderen Dendriten oder Zellkörpern und übertragen die Nervenimpulse.

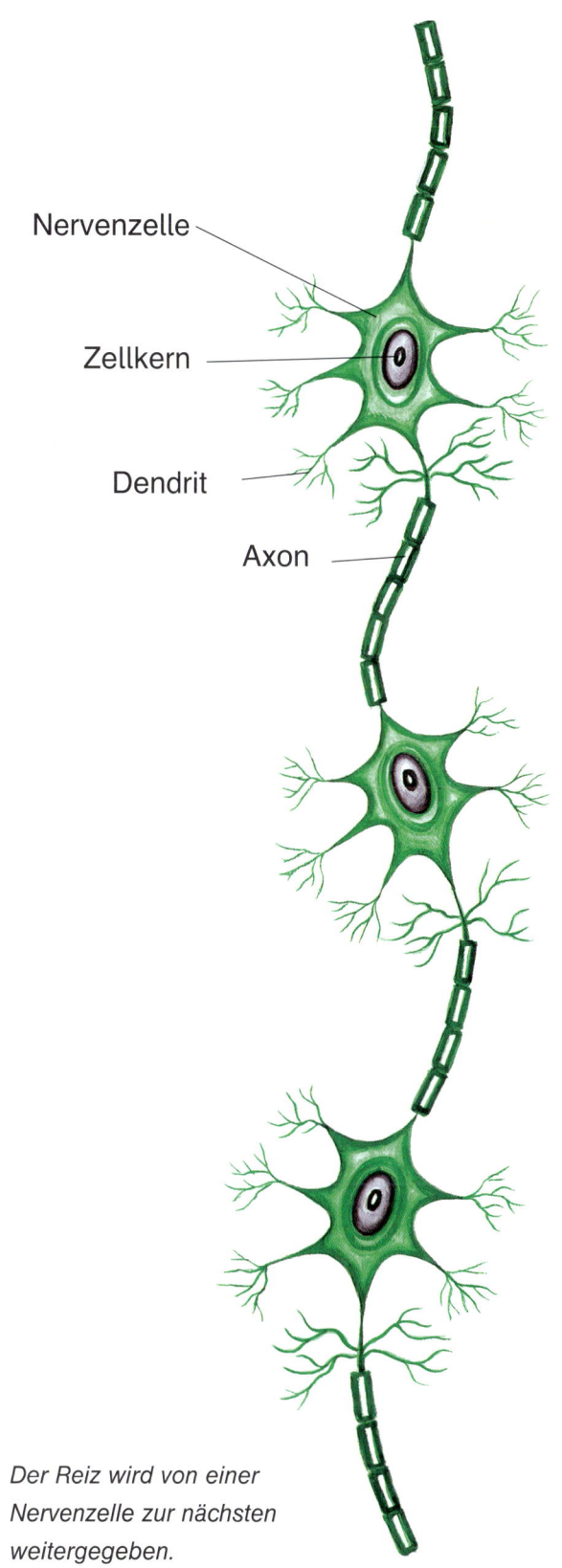

Nervenzelle

Zellkern

Dendrit

Axon

Der Reiz wird von einer Nervenzelle zur nächsten weitergegeben.

Das Ohr

Mit den Ohren können wir zwischen dem tiefsten und dem höchsten hörbaren Ton tausende verschiedene Töne unterscheiden. Wir nehmen Geräusche vom leisesten Flüstern bis zum lautesten Brüllen wahr. Das Hören gilt neben dem Sehen als die wichtigste Sinneswahrnehmung. Das Ohr besteht aus drei Bereichen: dem Außenohr, dem Mittelohr und dem Innenohr. Jeder dieser Bereiche hat eigene spezielle Aufgaben, die uns das Hören ermöglichen.

So funktioniert das Hören: Das Außenohr arbeitet wie ein Schalltrichter. Die Ohrmuschel fängt die Töne auf und leitet sie durch den äußeren Gehörgang zum Trommelfell. Dieses dünne Häutchen schließt das Außenohr luftdicht vom Mittelohr ab.

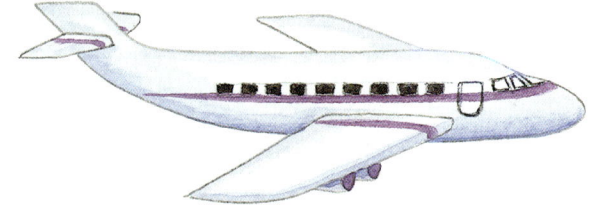

Lautstärke „Startendes Flugzeug": 130 db

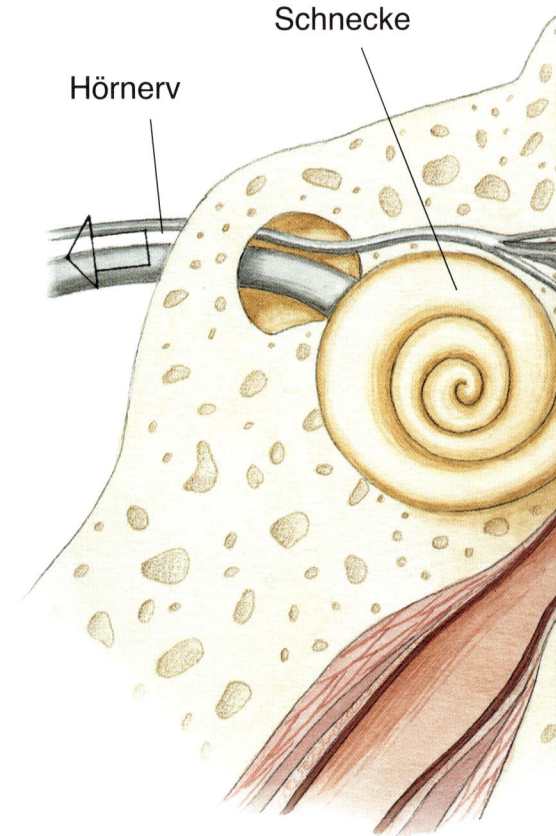

Schnecke

Hörnerv

Durch die Schallwelle beginnt es zu schwingen. Im Mittelohr sitzen die kleinsten Knochen im menschlichen Körper: Hammer, Amboss und Steigbügel. Schwingt das Trommelfell, so beginnt auch der Hammer zu zittern.

„Telefon": 65 db

Diese Bewegung wird auf den Amboss und den Steigbügel übertragen und dabei noch verstärkt. Der Steigbügel leitet die Schwingung weiter an eine Membran, das „ovale Fenster", das mit dem Innenohr verbunden ist.

Dort liegt die Schnecke, ein spiralförmiger Schlauch, der mit Flüssigkeit gefüllt ist. Die Schwingungen sorgen dafür, dass sich diese Flüssigkeit in einer Wanderwelle durch die Schnecke bewegt. Winzige, haarähnliche Nervenzellen an der Innenwand der Schnecke reagieren darauf, indem sie die Signale weiter ans Gehirn senden.

„Kleine Glocken": 80 db

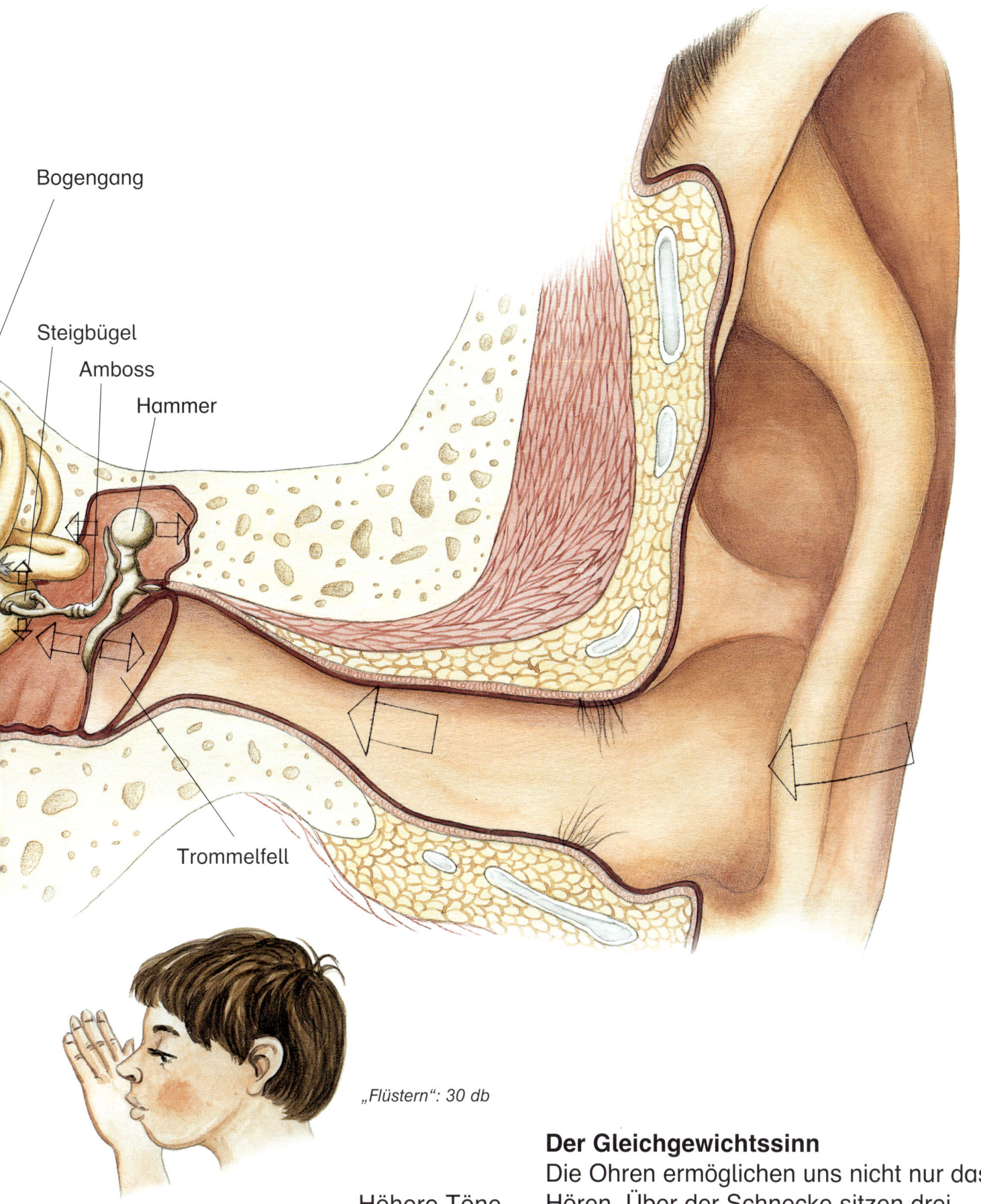

Bogengang

Steigbügel

Amboss

Hammer

Trommelfell

„Flüstern": 30 db

Höhere Töne hören wir, wenn Nervenzellen direkt am Eingang der Schnecke gereizt werden. Tiefere Töne entstehen weiter hinten in der Schnecke. Die wahrgenommene Lautstärke wird in Dezibel (db) gemessen.

Der Gleichgewichtssinn

Die Ohren ermöglichen uns nicht nur das Hören. Über der Schnecke sitzen drei knöcherne Röhren, die Bogengänge. Sie enthalten eine träge Flüssigkeit. Verändert sich die Lage dieser Flüssigkeit, melden die Nervenzellen im Innern der Bogengänge die „neue Lage" ans Gehirn.

Das Auge

Welches Sinnesorgan ist für den Menschen das wichtigste? Auf diese Frage würden viele antworten: das Auge. Ein Wunder ist es nicht, denn unsere ganze Welt, die wir täglich sehen, nehmen wir nur über unsere beiden vergleichsweise kleinen Augen wahr.

Der kugelige Augapfel wird von der äußeren Augenhaut umschlossen und von einigen Muskeln festgehalten. Im Bereich der Iris, dort wo die Lichtstrahlen ins Auge dringen, wird die äußere Augenhaut zur durchsichtigen Hornhaut. Diese Hornhaut schützt das empfindliche Sehorgan. Mit einem Lidschlag benetzen wir die Hornhaut ständig mit Tränenflüssigkeit, reinigen so die Oberfläche und schützen sie vor dem Austrocknen.

Auch hinter der Hornhaut befindet sich eine Flüssigkeit, Kammerwasser genannt. An der Rückwand des mit Kammerwasser gefüllten Raumes liegt die Iris, die dem Auge seine Farbe gibt. Durch das runde Loch inmitten der Iris, die Pupille, gelangen die Lichtstrahlen wie durch eine Eintrittspforte ins Augeninnere. Die Iris kann sich weiten und wieder zusammenziehen. Bei schwachem Licht öffnet sich die Iris mehr und die Pupille wird groß. Bei hellem Licht ist es umgekehrt. So steuert die Iris, wie viel Licht ins Auge hineinkommt.

Schon gewusst?

Nicht bei allen Menschen funktionieren die Zapfen gleich gut. So können einige Menschen weniger gut Grün von Rot unterscheiden. Etwa jeder 12. Mann ist rotgrünfarbenblind, dagegen nur jede 250. Frau.

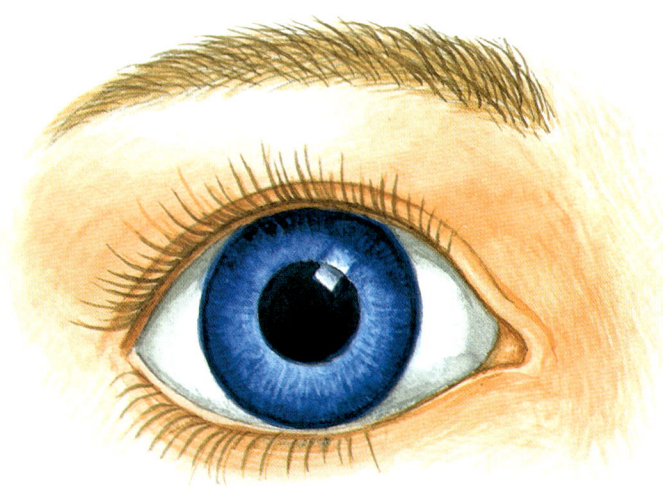

Die farbige Iris öffnet und schließt sich je nach Helligkeit.

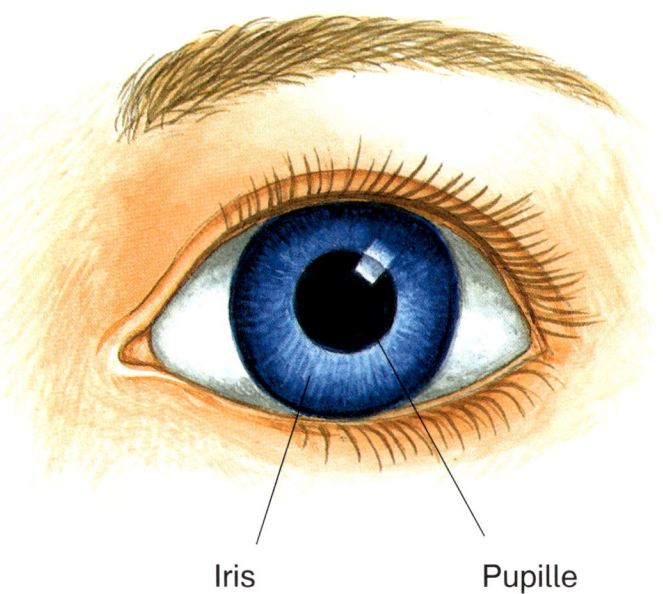

Iris   Pupille

Bei einer Kamera wird das Bild mit einer Linse scharf eingestellt. Auch beim Auge ist eine Linse für die Schärfe des Bildes zuständig. Doch anders als bei der Kamera kann die Augenlinse sich nicht vor- und zurückbewegen. Sie verändert stattdessen ihre Dicke. Das geschieht mit Hilfe von Muskeln, die die Linse zusammendrücken. Hinter der Linse ist der Augapfel mit einer gallertartigen Substanz gefüllt. Das ist der kristallklare Glaskörper, der die Lichtstrahlen bis an die Hinterwand des Augapfels hindurchlässt. Dort befindet sich die Netzhaut, die den größten Teil der Augeninnenwand auskleidet. Hier trifft das eingefangene Bild auf Nervenzellen, die auf den Lichteinfall reagieren. Es gibt zwei Arten dieser Nervenzellen: die Stäbchen für das Schwarzweiß-Sehen bei Dämmerlicht und die Zapfen für das Farbensehen bei heller Beleuchtung. Diese Zellen senden die Informationen an das Gehirn weiter. Dort werden sie zusammengefügt zu dem Bild, das wir sehen.

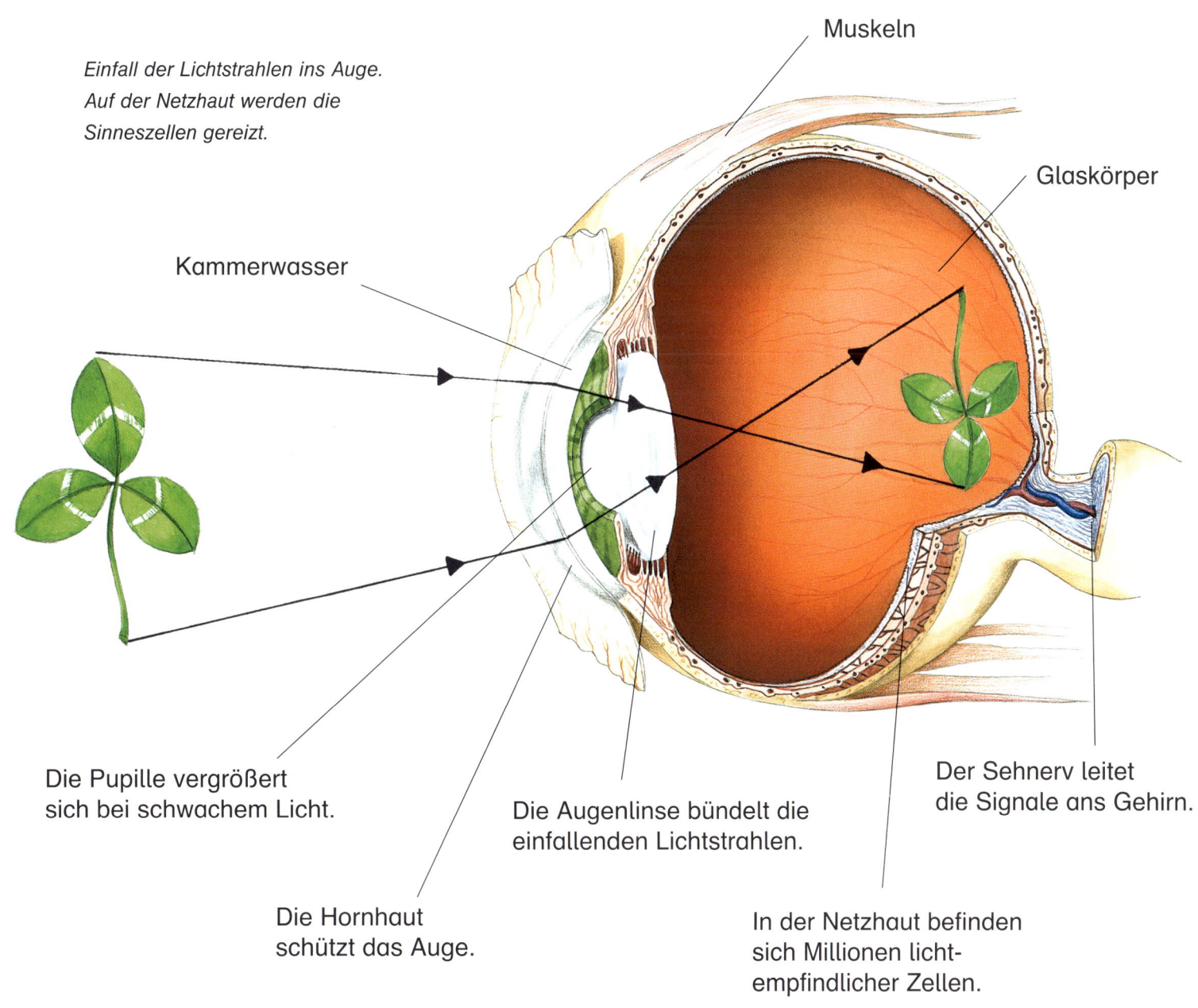

Einfall der Lichtstrahlen ins Auge. Auf der Netzhaut werden die Sinneszellen gereizt.

Muskeln

Glaskörper

Kammerwasser

Die Pupille vergrößert sich bei schwachem Licht.

Die Augenlinse bündelt die einfallenden Lichtstrahlen.

Der Sehnerv leitet die Signale ans Gehirn.

Die Hornhaut schützt das Auge.

In der Netzhaut befinden sich Millionen lichtempfindlicher Zellen.

Nase und Mund

Hmm, ein Kuchen wird gebacken! So etwas kann uns die Nase verraten, selbst wenn wir den Kuchen im Backofen nicht sehen können. Umgekehrt warnt uns der Geruchssinn, wenn es an einem Ort „unangenehm" riecht. Dann empfinden wir Ekel und möchten dort lieber nicht bleiben. Auch unsere Geschmacksnerven haben diese Schutzfunktion. Verdorbenes oder Giftiges schmeckt oft bitter – schnell spucken wir es wieder aus. Der größte Teil der Nase dient dazu, den Luftstrom, den wir einatmen, zu den Lungen weiterzuleiten. Doch weit oben in der Nasenhöhle befindet sich der so genannte Riechkolben. Hier sitzen winzige Nervenzellen, die Gerüche wahrnehmen können. Zwischen 10.000 und 40.000 Gerüche können wir unterscheiden. Einen Geruch nehmen wir schon wahr, wenn wir normal atmen.

Wenn wir aber schnuppern, verstärkt sich unser Riechvermögen. Die Luft gleitet schneller durch die Nase und mehr Geruchsmoleküle geraten an die Nervenzellen. Die Nervenzellen leiten die Signale an das Gehirn weiter.

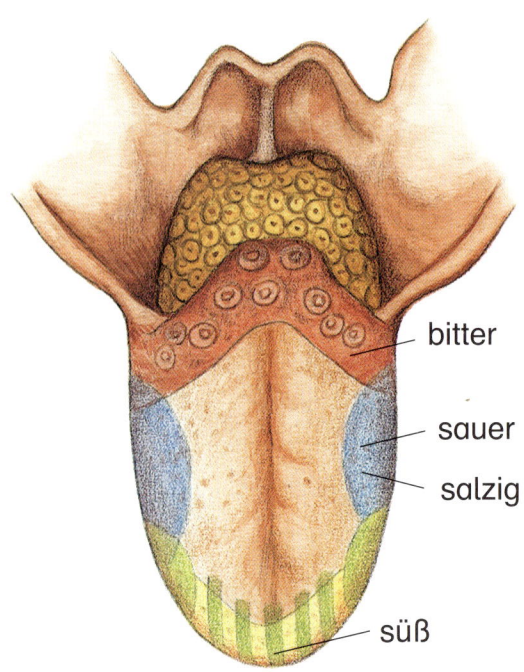

Die Oberfläche der Zunge. Die Nervenzellen für die 4 Geschmacksrichtungen liegen in verschiedenen Zonen.

bitter
sauer
salzig
süß

Wie etwas schmeckt, das empfinden wir mit unserer Zunge. Rund 10.000 kleine „Geschmacksknospen" sind auf der Zungenoberfläche verteilt.

Es gibt vier verschiedene Bereiche auf der Zunge, die unterschiedliche Geschmacksrichtungen erkennen können: süß, salzig, sauer oder bitter.

Einen bitteren Geschmack nehmen wir mit dem hinteren Teil der Zunge wahr, süß an der Zungenspitze, sauer am mittleren Zungenrand und salzig am vorderen und mittleren Zungenrand. Wenn wir älter werden, lässt der Geschmackssinn immer mehr nach.

Während man bei seiner Geburt noch über etwa 10.000 Geschmacksknospen verfügt, kann es sein, dass im Alter nur noch rund 2.000 davon übrig bleiben.

Grund genug, sich leckere Speisen schon in jungen Jahren möglichst lange auf der Zunge zergehen zu lassen.

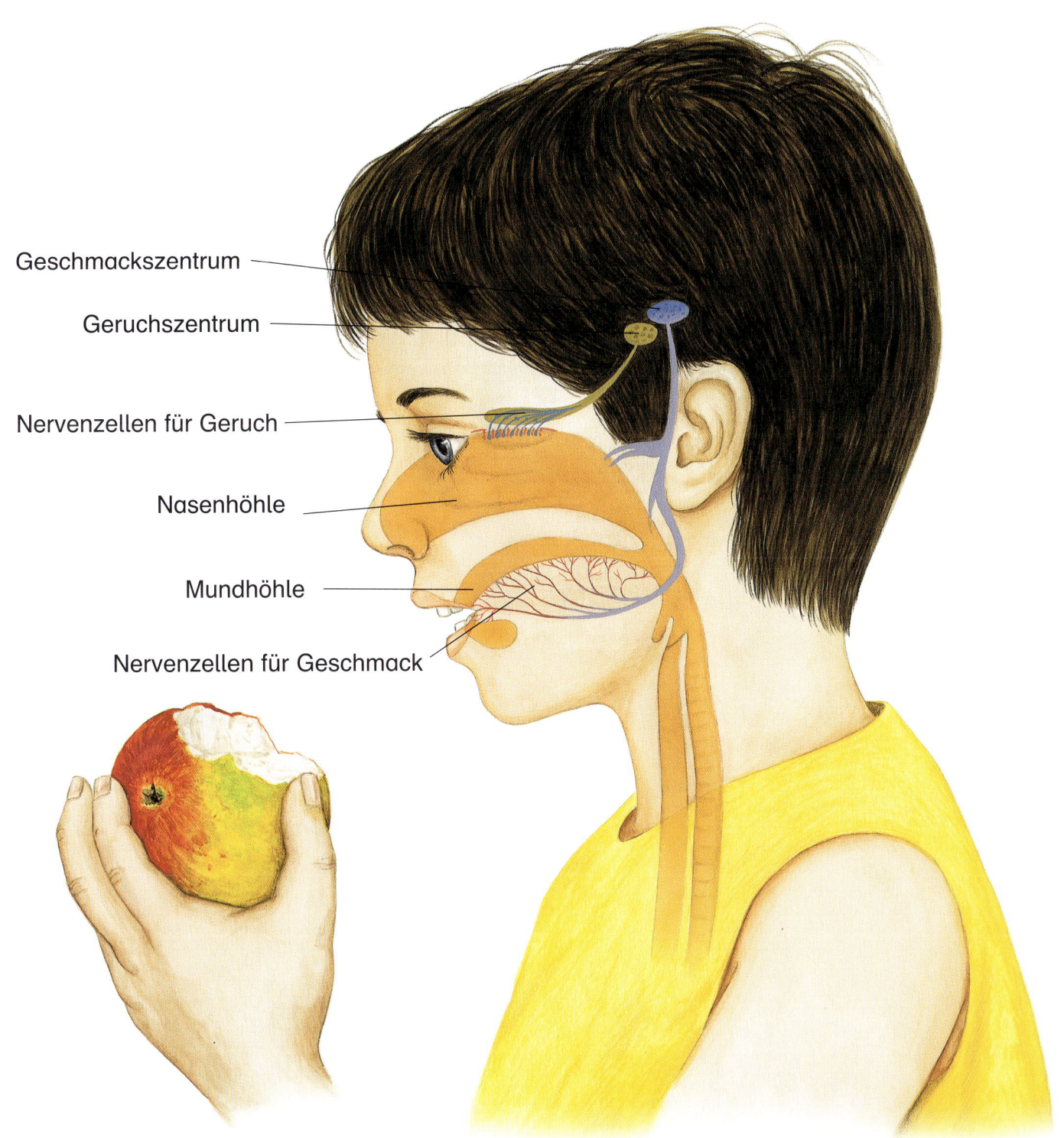

Geschmackszentrum

Geruchszentrum

Nervenzellen für Geruch

Nasenhöhle

Mundhöhle

Nervenzellen für Geschmack

Die Haut

Egal was wir tun, eine Schutzhülle haben wir immer dabei: unsere Haut. Besonders „hauteng" sitzt sie an den Ohren, in der Handfläche oder an den Fußsohlen. An den Ellenbogen und am Knie sind dagegen Falten „eingebaut" – für die Beweglichkeit. Am Bauch ist die Haut sehr elastisch, das ist wichtig für eine Schwangerschaft oder einen großen Appetit! Bei einem Erwachsenen bedeckt die Haut etwa 1,6 bis 2 m² Körperoberfläche.

Die Dicke der Haut variiert zwischen 1 mm wie in den Achselhöhlen oder auf den Augenlidern und etwa 4 mm an der Handinnenfläche und an der Fußsohle. Die Haut lässt sich in drei Schichten unterteilen: Die Hautschicht, die wir sehen und anfassen können, ist die Oberhaut. Wie eine Wachsschicht dichtet sie den Körper gegen die Außenwelt ab. Ihre äußerste Lage besteht aus abgestorbenen Zellen. Lebende Zellen befinden sich erst in den beiden untersten Schichten der Oberhaut. Diese erneuern sich ungefähr alle 27 Tage. Dabei schieben die neuen Zellen die abgestorbenen nach oben, wo sie schließlich abschuppen. Die zweite, tiefer gelegene Hautschicht bezeichnet man als Lederhaut.

Hier befindet sich das Versorgungssystem der Haut. Blutgefäße und Nervenenden haben hier ihren Platz. Auch die Tastkörperchen, die Schweißdrüsen und Talgdrüsen sind hier zu finden. Die dritte Schicht ist die Unterhaut. Hier sind Fettzellen eingelagert, weshalb die Unterhaut auch als Unterhautfettgewebe bezeichnet wird. Zusammen mit der Lederhaut ist die Unterhaut der größte Wasserspeicher des Menschen.

Wenn die Haut verletzt ist, besteht die Gefahr, dass Krankheitserreger in den Körper gelangen. Spezielle Wirkstoffe im Blut schließen die Wunde möglichst schnell.

Unsere Haut ist auch ein wichtiges Sinnesorgan. Winzige Tastkörperchen und andere Sensoren liegen in der Lederhaut eingebettet. Die meisten Tastkörperchen sitzen an den Fingerspitzen. Logisch, denn mit den Händen tasten, greifen und streicheln wir. Die Tastreize werden über Nervenzellen an das Gehirn weitergeleitet.

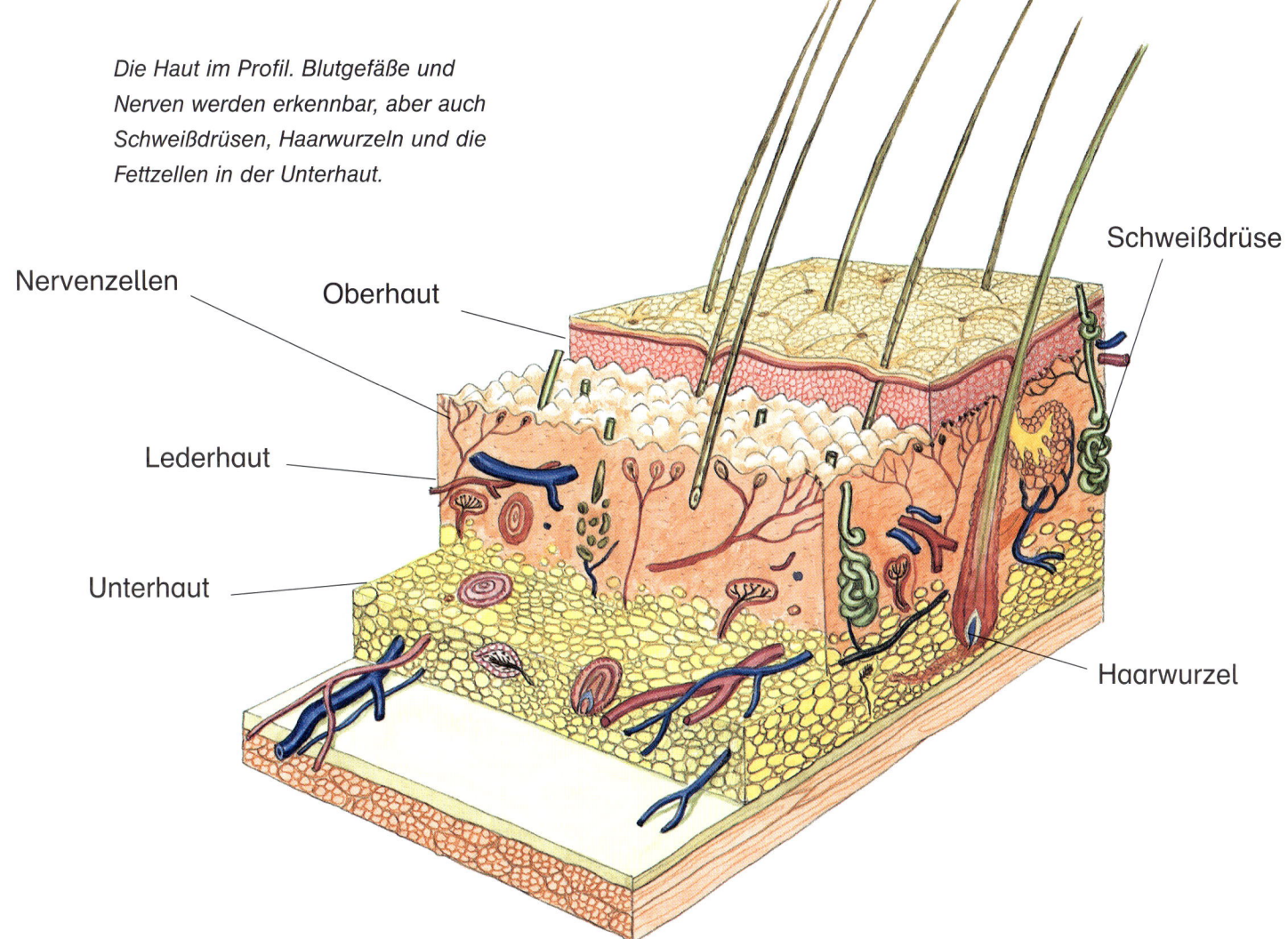

Die Haut im Profil. Blutgefäße und Nerven werden erkennbar, aber auch Schweißdrüsen, Haarwurzeln und die Fettzellen in der Unterhaut.

Nervenzellen

Oberhaut

Schweißdrüse

Lederhaut

Unterhaut

Haarwurzel

Ebenfalls in der Lederhaut befinden sich etwa zwei Millionen Schweißdrüsen. Wenn wir uns so richtig körperlich betätigen, produzieren sie Schweiß. Bei großer Anstrengung bis zu 10 l. Der Schweiß verdunstet auf der Haut und kühlt dadurch Hautoberfläche und Blutgefäße. Obwohl die Körpertemperatur leicht ansteigen kann, ist also dafür gesorgt, dass wir nicht gleich Fieber bekommen, sobald wir Sport treiben. Die richtige Temperatur wird im Gehirn überprüft und durch Kälte- und Wärmerezeptoren in der Haut reguliert. So wird beispielsweise bei Kälte die Wärmeproduktion des Körpers durch Muskelzittern angeregt.

Das Atmungssystem

Sauerstoff gehört wie Wasser und Nahrung zu den Dingen, die wir unbedingt zum Leben brauchen. Doch während wir einige Tage ohne Nahrung und Wasser auskommen, können es nur wenige Minuten ohne Sauerstoff sein. Der Sauerstoff wird über die Lunge an das Blut weitergegeben. Das Blut transportiert ihn zu den Zellen, wo er für die Energiegewinnung benötigt wird. Darum atmen wir ständig ein und aus.

Mit der Nase und dem Mund atmen wir Luft ein. Mit jedem Atemzug etwa einen halben Liter. Durch den Rachen strömt die Atemluft in den Kehlkopf und dann durch die Luftröhre, die 10–15 cm lang ist und einen Durchmesser von fast 2 cm hat. Die Luftröhre verzweigt sich in zwei „Äste", die beiden Hauptbronchien. Die Hauptbronchien führen in den rechten und den linken Lungenflügel, wo sie sich immer weiter verästeln.

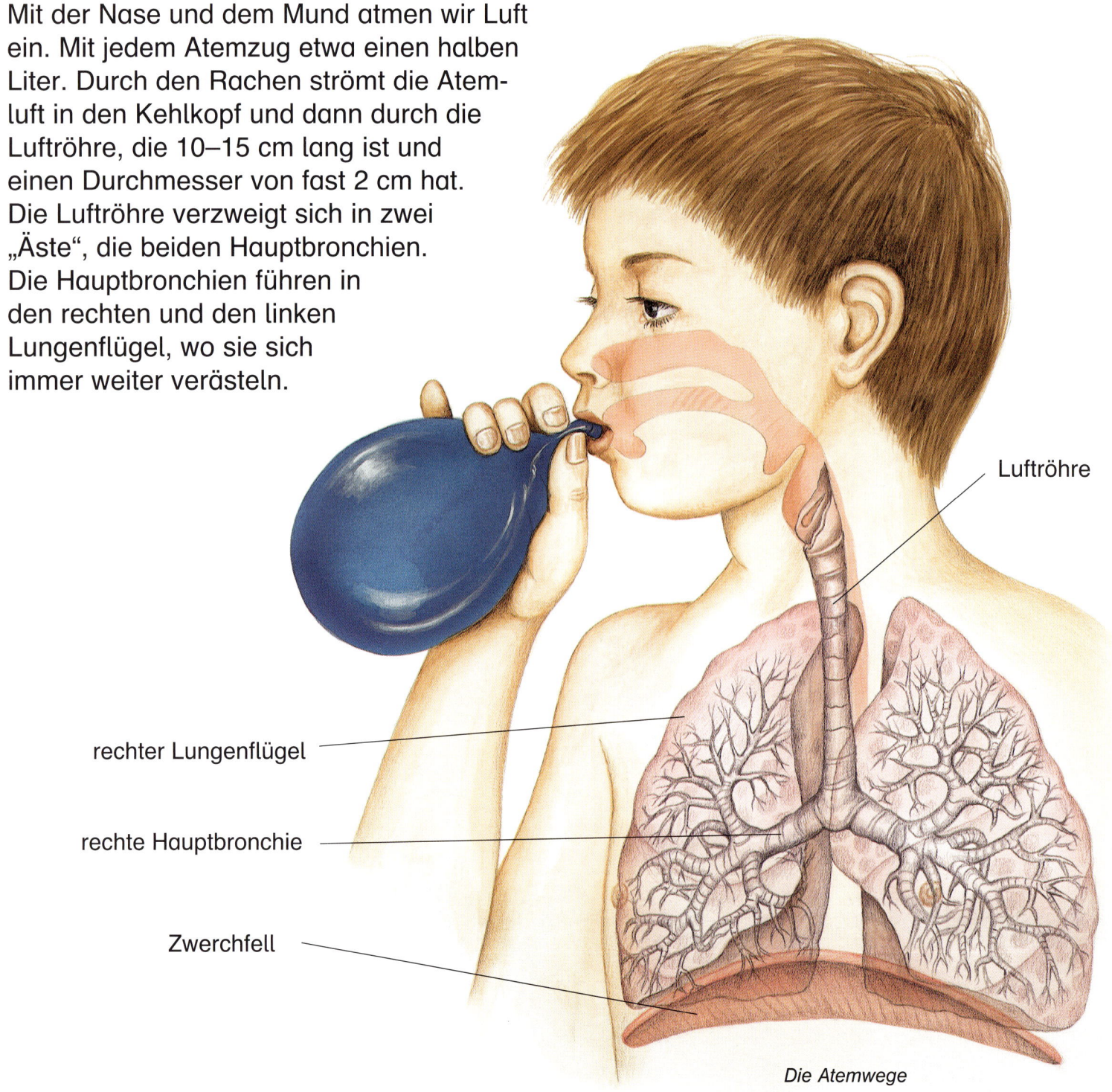

Luftröhre

rechter Lungenflügel

rechte Hauptbronchie

Zwerchfell

Die Atemwege

Wie ein weicher, feuchter Schwamm sieht unsere Lunge aus, die aus den beiden Lungenflügeln besteht. Sie füllt einen großen Teil des Brustraums aus und wird von der Brustwirbelsäule und den Rippen geschützt. Die Luftwege in der Lunge werden immer schmaler und schmaler, bis sie in unzähligen winzigen Lungenbläschen, den Alveolen, enden.

„Verbrauchtes" Blut kommt an.

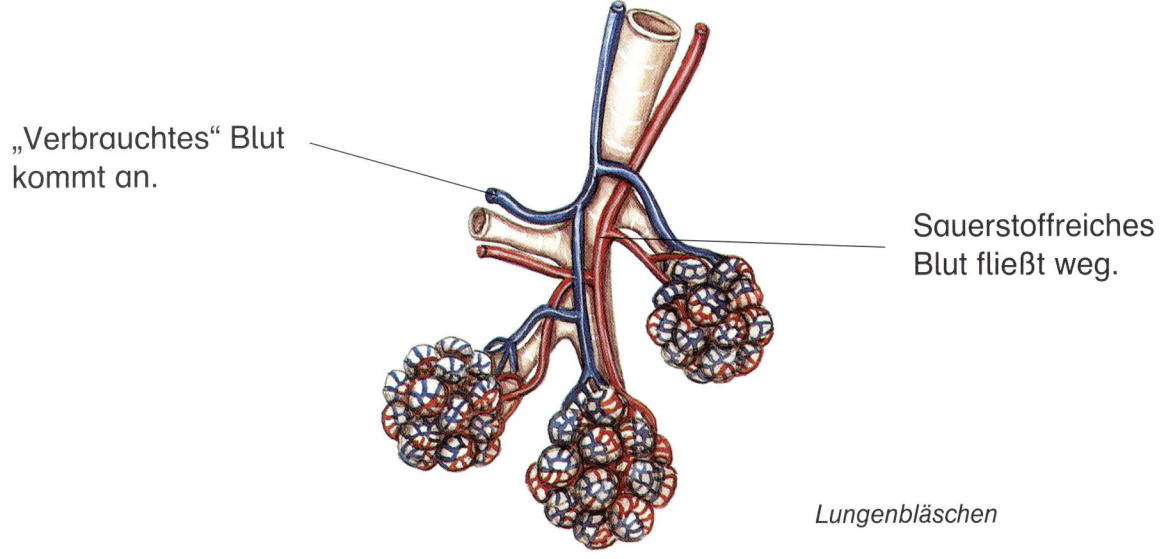

Sauerstoffreiches Blut fließt weg.

Lungenbläschen

Diese Lungenbläschen sind traubenartig angeordnet und jedes wird von einem feinen Netz von Blutgefäßen umschlungen. Die Wand der Lungenbläschen ist weniger als ein 1/1000 mm dünn und damit durchlässig genug, um den Sauerstoff, den wir mit der Luft eingeatmet haben, in das Blut zu übertragen. Über den Blutkreislauf wird der Sauerstoff auf alle Zellen des Körpers verteilt. Die Körperzellen benötigen den Sauerstoff, um die Nährstoffe unserer Nahrungsmittel zu verbrennen. Das erzeugt Energie. Dabei entsteht Kohlendioxid als Abfallprodukt. Es wird auf umgekehrtem Weg an die Lunge abgegeben und schließlich ausgeatmet.

Zum Atmen brauchen wir Muskelkraft. Der wichtigste Muskel für die Atmung ist das kuppelförmige Zwerchfell, das unter der Lunge liegt und den Brustraum nach unten abschließt. Wenn es sich anspannt, wird es flach und zieht das weiche Lungengewebe nach unten.
Gleichzeitig heben die Brustmuskeln die Rippen an. Auch das vergrößert die Lunge. Die Dehnung des Lungengewebes bewirkt, dass Luft durch die Luftröhre eingesogen wird. Jetzt atmen wir ein. Wenn sich die Muskeln entspannen, schrumpft die Lunge wieder auf ihre normale Größe und die überschüssige Luft entweicht nach oben. So atmen wir aus.

Das Herz

Unter allen inneren Organen hat das Herz eine besondere Bedeutung. Solange wir leben, arbeitet es unermüdlich. Das Herz pumpt das Blut durch die Adern und sorgt so dafür, dass der Sauerstoff, der im Blut gebunden ist, überall ankommt.

Alle Körperzellen brauchen Sauerstoff, um funktionieren zu können. Das Gehirn zum Beispiel kann kaum 2 Minuten ohne Sauerstoff auskommen, ohne dass Schäden entstehen. Darum muss das Herz unentwegt pumpen und darf nie Pause machen.

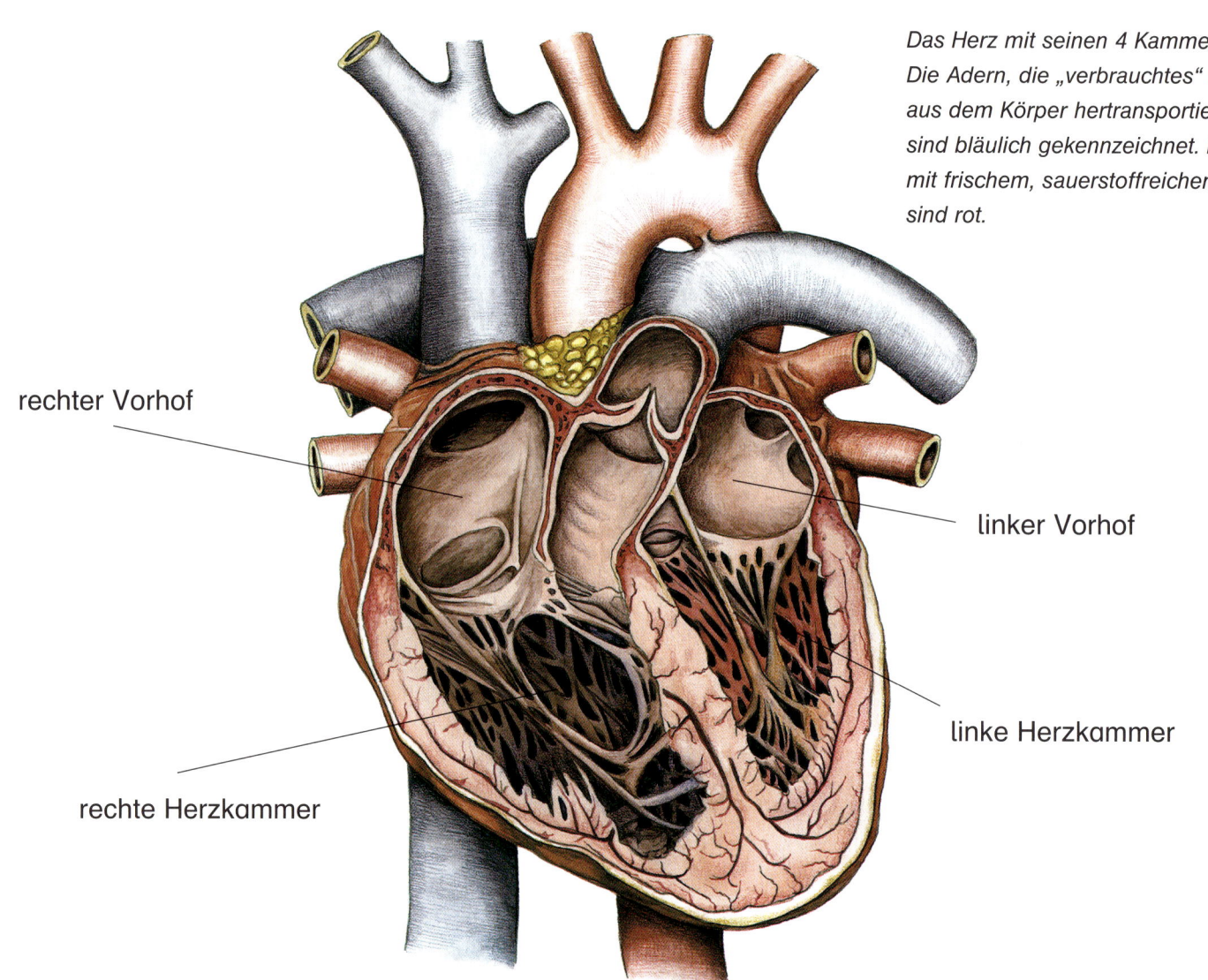

rechter Vorhof

linker Vorhof

linke Herzkammer

rechte Herzkammer

Das Herz mit seinen 4 Kammern. Die Adern, die „verbrauchtes" Blut aus dem Körper hertransportieren, sind bläulich gekennzeichnet. Die Adern mit frischem, sauerstoffreichem Blut sind rot.

Das Herz ist ein dicker, kräftiger Muskel mit vier Hohlräumen im Innern, der sich ständig anspannt und wieder entspannt. Bei Entspannung fließt Blut in die Kammern; bei Anspannung wird Blut aus den vollen Herzkammern herausgepresst. Den Wechsel von Anspannung und Entspannung nehmen wir als Herzschlag wahr. Bei Anstrengungen pumpt das Herz schneller: Wir bekommen Herzklopfen.

Die vier hohlen Kammern des Herzens sind der rechte Vorhof, der linke Vorhof, die linke und die rechte Herzkammer. Bevor das Herz alle Adern des Körpers mit Blut versorgen kann, muss das Blut zunächst in die Lunge transportiert und mit Sauerstoff angereichert werden. Und das geht so: Über große Körpervenen, also Adern, die Blut zum Herzen zurückbringen, wird Blut im rechten Vorhof gesammelt. Dann wird es in die rechte Herzkammer weitergeleitet und von dort zur Lunge gepumpt, wo es Sauerstoff aufnimmt. Von der Lunge fließt es in den linken Vorhof, wird dort gesammelt und anschließend in die linke Herzkammer gedrückt. Erst jetzt wird das sauerstoffreiche Blut über die Hauptschlagader und immer kleinere Blutgefäße bis in Milliarden von haarfeinen Äderchen und zu den entlegensten Zellen des Körper weitergeleitet. Die Blutbahnen, die das Blut vom Herzen abtransportieren, heißen Arterien. Venen nennt man die Blutgefäße, die das Blut zum Herzen hinführen.

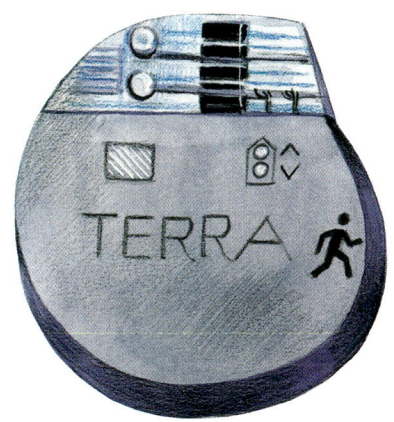

Wenn das alternde Herz aus dem Takt kommt, kann ein Schrittmacher helfen. Er gibt kleine elektrische Signale im „richtigen" Tempo ab.

Bei der Geburt ist das Herz kaum größer als eine Walnuss und nur 20 g schwer. Um den kleinen Körper zu versorgen, schlägt das Herz eines Säuglings 130- bis 150-mal pro Minute. Mit dem Heran- wachsen vergrößert sich auch das Herz und schlägt bei einem Erwachsenen schließlich 50- bis 100-mal in der Minute. Wer regelmäßig Sport treibt, trainiert auch sein Herz.
Bei Ausdauersportlern wird der Herz- muskel größer und schwerer. Es kann sein Normalgewicht von 300-350 g auf 500 g erhöhen. Weil das größere Herz mit einem Schlag mehr Blut transportieren kann, kommt es mit weniger Herzschlägen aus.

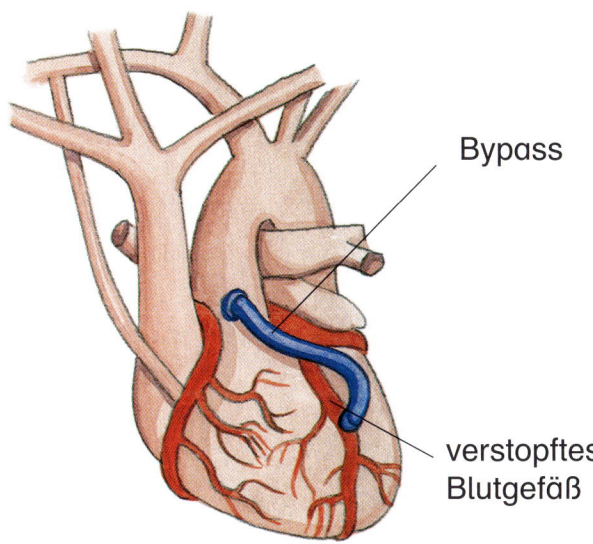

Bypass

verstopftes Blutgefäß

Wenn Verkalkungen in den Adern das Einströmen des Blutes ins Herz behindern, legt man einen Bypass. Das ist ein künstlicher Umweg für das Blut.

Schon gewusst?

Das Herz ist sehr kräftig. Mit jedem Schlag erzeugt es einen Druck, der das Blut mehr als 2 m hoch schießen lassen würde.

Das Blut

5 bis 7 l Blut fließen in jeder Sekunde durch die Adern eines Erwachsenen. Der rote Lebenssaft ist zugleich das größte Transportunternehmen in unserem Körper. Angetrieben vom Herzschlag bringt das Blut chemische Stoffe, Botschaften und Abfall über die Haupt- und Nebenstrecken unseres Kreislaufsystems.

Es versorgt die Zellen mit Energie und Rohstoffen, transportiert Abfallprodukte ab und repariert verletztes Gewebe oder bekämpft Krankheitserreger.

Blut ist dicker als Wasser. Es besteht nämlich nicht nur aus flüssigen, sondern beinahe zur Hälfte aus festen Bestandteilen. Dazu gehören die roten Blutkörperchen, die Blutplättchen und die weißen Blutkörperchen. Die roten Blutkörperchen sind mit Abstand am häufigsten vertreten, gefolgt von den Blutplättchen. Die weißen Blutkörperchen bilden die Minderheit in den Blutzellen. Auf jedes weiße Blutkörperchen kommen etwa 1.000 rote Blutkörperchen. Der flüssige Bestandteil des Blutes, das Blutplasma, besteht zu 90 % aus Wasser, der Rest sind Proteine, Spurenelemente, Abfallstoffe und etwas Traubenzucker.

Die einzelnen Bestandteile des Blutes haben viele wichtige Aufgaben: Der rote Blutfarbstoff, der in den roten Blutkörperchen enthalten ist, kann wie ein Schwamm Sauerstoff aufsaugen. Genau das macht das rote Blutkörperchen in der Lunge, wo es zu diesem Zweck hintransportiert wird. Danach bringt es den Sauerstoff dorthin, wo er benötigt wird, zu einem arbeitenden Muskel zum Beispiel. Wenn der Sauerstoff abgeliefert ist, lädt das rote Blutkörperchen Kohlendioxid, ein Abfallprodukt, auf und entsorgt es in der Lunge. Jetzt kann neuer Sauerstoff aufgeladen werden.

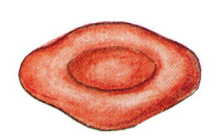

Rotes Blutkörperchen

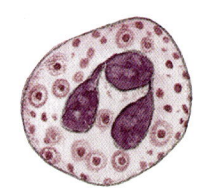

Weißes Blutkörperchen

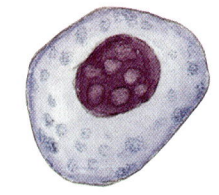

Spezialisiertes weißes Blutkörperchen

Blutplättchen

Die weißen Blutkörperchen arbeiten als Gesundheitspolizei im Körper. Auf ihren Transportwegen, den Blutbahnen, suchen sie nach eingedrungenen Bakterien oder abgestorbenen Zellen und fressen sie kurzerhand auf. Danach sterben sie selbst ab. Sie werden dann zu Eiter, den man bei Wunden manchmal beobachten kann.

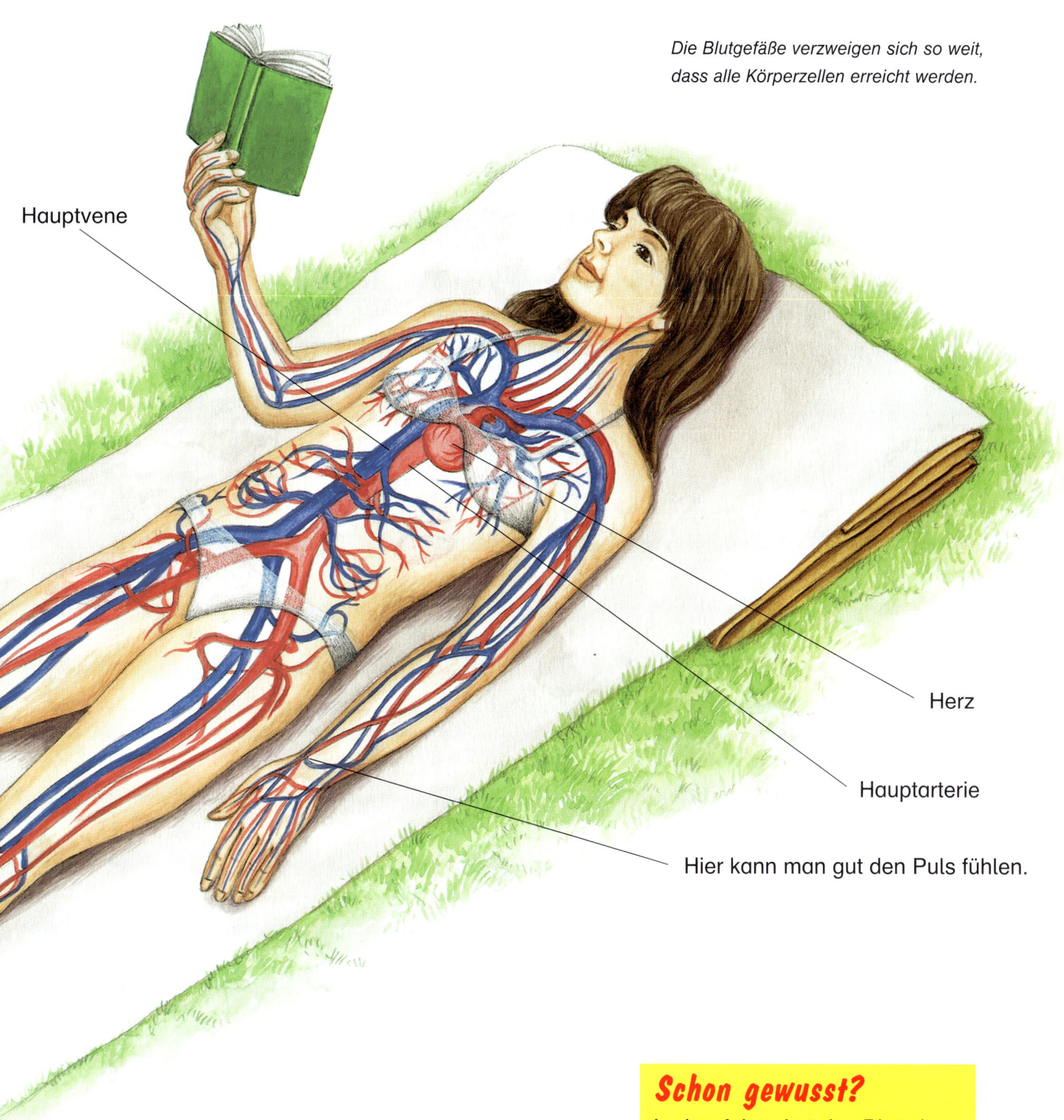

Die Blutgefäße verzweigen sich so weit, dass alle Körperzellen erreicht werden.

Hauptvene

Herz

Hauptarterie

Hier kann man gut den Puls fühlen.

Die Blutplättchen, die kleinsten Zellen des Blutes, kontrollieren die Gefäße, durch die es fließt. Ist irgendwo ein Riss, locken sie weitere Blutplättchen an. Gemeinsam verkleben die Blutplättchen die Stelle, dichten sie wie ein Pflaster ab und reparieren sie.

Schon gewusst?

In den Adern hat das Blut eher eine bräunliche Farbe. Erst wenn es mit Sauerstoff in Berührung kommt, etwa bei einer Wunde, erhält es seine typische blutrote Farbe.

31

Die Zähne

Die Zähne haben wir nicht von Geburt an und auch nicht ein für alle Mal, sondern wir werden zweimal im Leben mit einem Satz neuer Zähne ausgestattet. Im Alter von ungefähr einem halben Jahr stoßen die ersten Zähne durch, die Milchzähne. Zu einem vollständigen Milchgebiss gehören zehn Milchzähne im Oberkiefer und zehn im Unterkiefer. Im Alter der Schulreife fangen die Milchzähne zu wackeln an, fallen aus und werden nach und nach durch die bleibenden Zähne ersetzt. Das Gebiss eines Erwachsenen enthält 32 Zähne. Doch manchmal kommen die 4 Weisheitszähne überhaupt nicht durch.

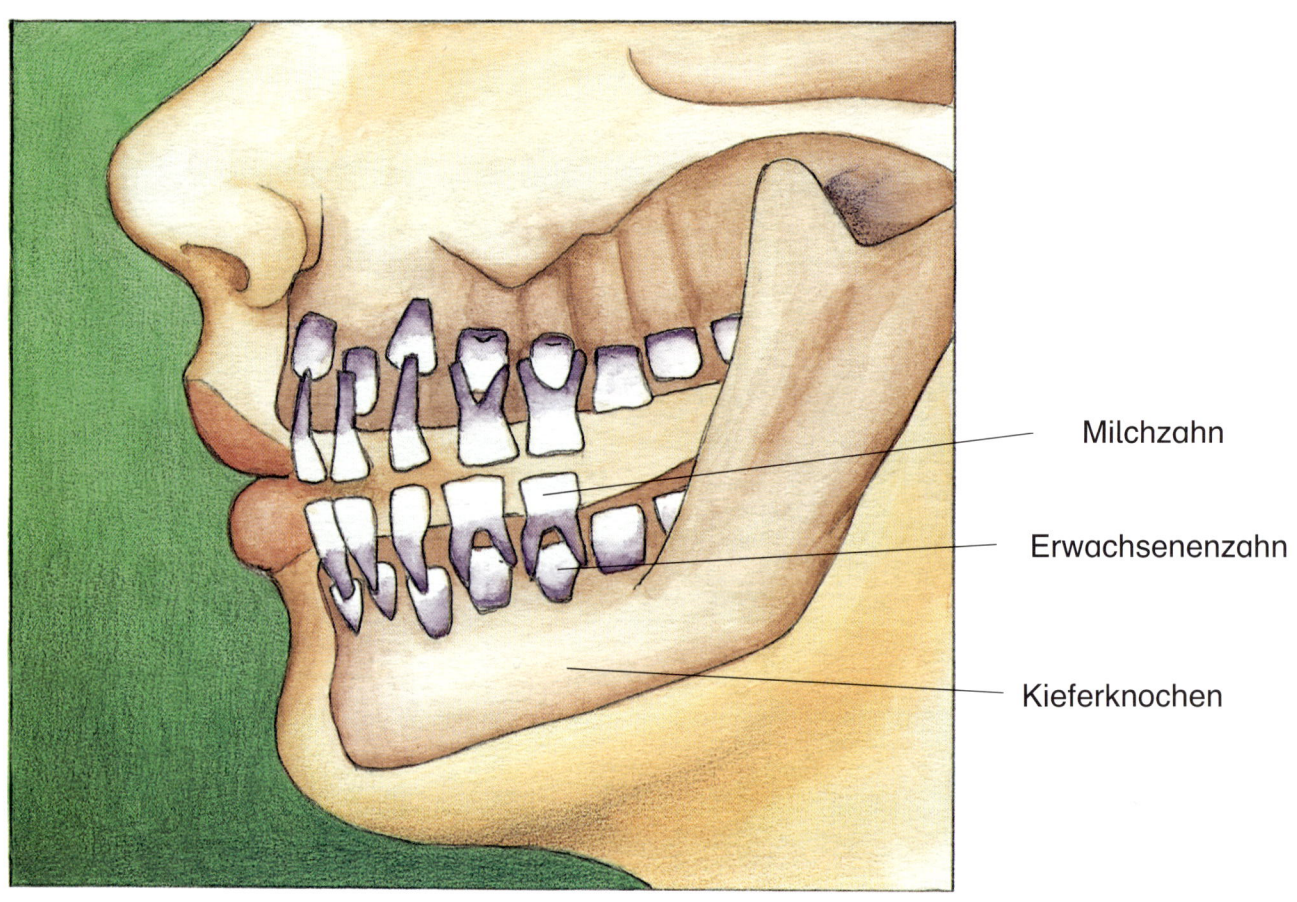

Milchzahn

Erwachsenenzahn

Kieferknochen

Unter den Milchzähnen wachsen die neuen Zähne nach.

Vorne im Gebiss befinden sich zu jeder Seite zwei Schneidezähne. Sie sind zum Abbeißen da. Seitlich folgt dann jeweils ein Eckzahn. Die Eckzähne dienen zum Festhalten der Nahrung. Daran schließen sich, hinter der Backe versteckt, jeweils zwei Backenzähne und drei Mahlzähne an.

Diese haben besonders kräftige Wurzeln und breite, leicht höckrige Kauflächen, damit sie die Nahrung zermahlen können. Der letzte unter den Mahlzähnen wird auch Weisheitszahn genannt, weil er erst in einem Alter wächst, in dem der Mensch schon erwachsen, also „weise" ist.

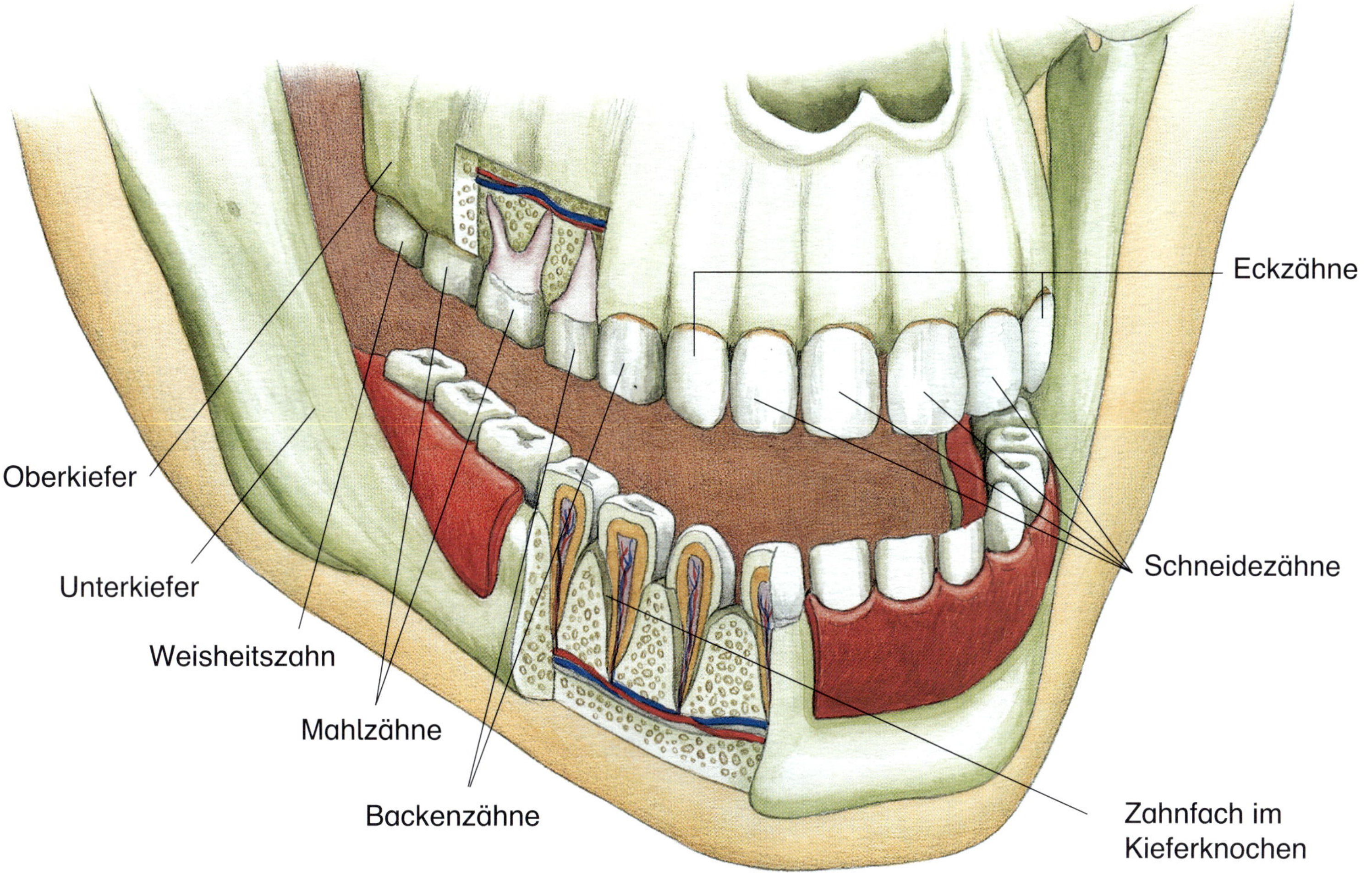

Oberkiefer

Unterkiefer

Weisheitszahn

Mahlzähne

Backenzähne

Eckzähne

Schneidezähne

Zahnfach im
Kieferknochen

Die einzelnen Zähne sind je nach Lage im Gebiss unterschiedlich geformt, weil sie verschiedene Funktionen haben.

Wenn wir in den Spiegel schauen, sehen wir nur den oberen Teil unserer Zähne, die Zahnkronen. Im Zahnfleisch verborgen liegen Zahnhals und darunter die Zahnwurzeln. Die sichtbare Zahnkrone wird von festem Zahnschmelz umhüllt, der das innere Zahnbein schützen soll. Der Zahnschmelz besteht aus dem härtesten Material des Körpers, er ist härter noch als Knochen. Ohne diese Schutzschicht würden sich die Zahnnerven bei jeder kalten oder heißen Mahlzeit schmerzhaft bemerkbar machen. So aber liegt das sehr empfindliche Zahnmark, ein Hohlraum mit Blutgefäßen und Nerven, im Inneren des Zahnes. Auch das weiter unten liegende, etwas weichere Zahnbein hat eine Schutzfunktion. Der Zahnhals ist nicht vom Zahnschmelz umschlossen. Wenn er frei liegt, ist er äußerst schmerzempfindlich.

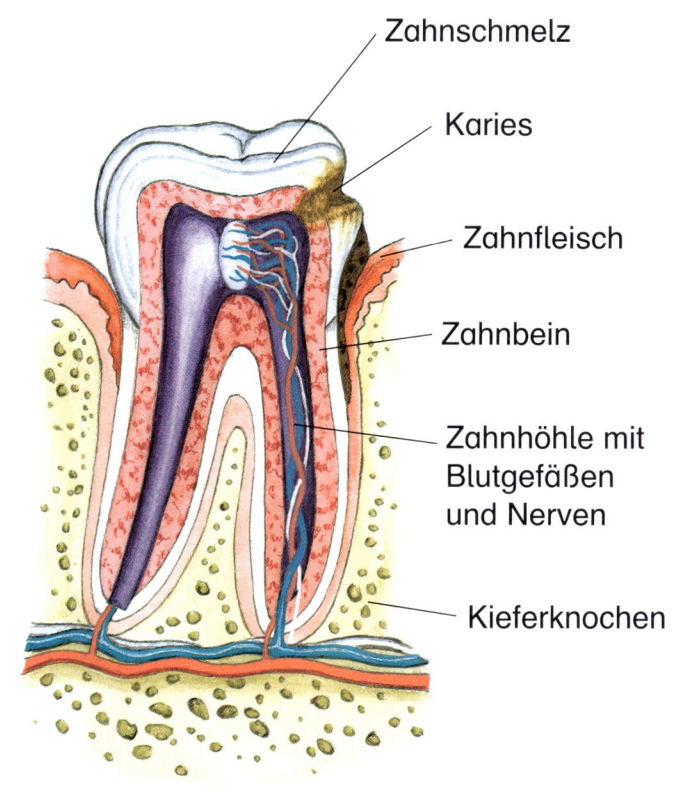

Zahnschmelz

Karies

Zahnfleisch

Zahnbein

Zahnhöhle mit
Blutgefäßen
und Nerven

Kieferknochen

Der Aufbau eines Zahns

Die Verdauung

„Der Inhalt zählt!" Das könnte das Motto unseres Darms sein, wenn es um die Verdauung unserer Nahrung geht. Während sich Auge, Nase und Mund an schönen, duftenden Speisen erfreuen, geht es dem Verdauungssystem nur darum, was in der Nahrung drinsteckt. Die Aufgabe des Verdauungssystems ist es, die Nährstoffe, aus denen Energie gewonnen werden kann, sowie Vitamine und Mineralstoffe aus der Nahrung herauszuziehen und dem Körper nutzbar zu machen. Nur was der Körper nicht weiter verwenden kann, scheidet er am Ende wieder aus.

Die Verdauung beginnt gleich mit dem ersten Bissen. Wenn wir zum Beispiel von einem Brötchen abbeißen und es mit den Zähnen zermahlen, durchfeuchtet der Speichel den Bissen und beginnt schon damit, ihn zu zersetzen. Wir schlucken den Brei herunter und er wandert in wenigen Sekunden durch die Speiseröhre in den Magen.

Frischer Salat: reich an Vitaminen und leicht verdaulich

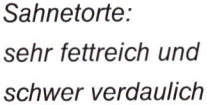

Sahnetorte: sehr fettreich und schwer verdaulich

Im Magen befindet sich Salzsäure, die so stark ätzend ist, dass sie problemlos Kleidung zersetzen könnte. Zum Glück ist die Magenwand aber gut gegen die Salzsäure geschützt. Die eigentliche Aufgabe der Salzsäure ist es nämlich, unerwünschte Keime im Speisebrei abzutöten. 1–5 Stunden lang bleibt der Nahrungsbrei im Magen und wird dabei gründlich durchgeknetet. Der Magen bewegt sich, als ob eine Faust ihn abwechselnd zusammendrücken und wieder loslassen würde. Der Nahrungsbrei wird schließlich in kleinen Portionen in den 4 m langen und sehr beweglichen Dünndarm weitergeschoben. Die ersten 25 cm des Dünndarms bilden den Zwölffingerdarm. Hier neutralisieren Verdauungssäfte aus der Bauchspeicheldrüse den sauren Mageninhalt. Der restliche Dünndarm ist mit einer samtartigen Innenfläche ausgekleidet. Sie besteht aus Schleimhautausstülpungen, den Darmzotten. Über diese Oberfläche treten die wertvollen Nahrungsbestandteile in das Blut über und werden über den Blutstrom zur Leber gebracht.
Der Dünndarm, der ein Muskel ist, bewegt sich wellenförmig und treibt den Nahrungsbrei langsam voran. Am Ende der Verdauung gelangt der Nahrungsbrei in den 1,20 bis 1,50 m langen Dickdarm. Hier wimmelt es von Bakterien, die die restlichen Nähr- und Wirkstoffe freisetzen. Auch wird der Darminhalt jetzt fester, weil er noch einmal entwässert wird. Im Dickdarm bewegt sich der Nahrungsrest nur sehr langsam fort.

Mehrere Tage kann es dauern, bis er in den letzten Abschnitt, den Mast- oder Enddarm gelangt. Durch den After verlassen die Reste schließlich den Körper. Jeder von uns ist ziemlich ätzend – jedenfalls im Mageninneren. Jeden Tag produziert der Körper eines Erwachsenen 2–3 l Salzsäure. Angenommen, Chemiker wollten diese in einer Fabrik nutzen, dann bräuchten sie Tanks mit Spezialbeschichtung. Die Salzsäure würde sonst die Behälter zerfressen.

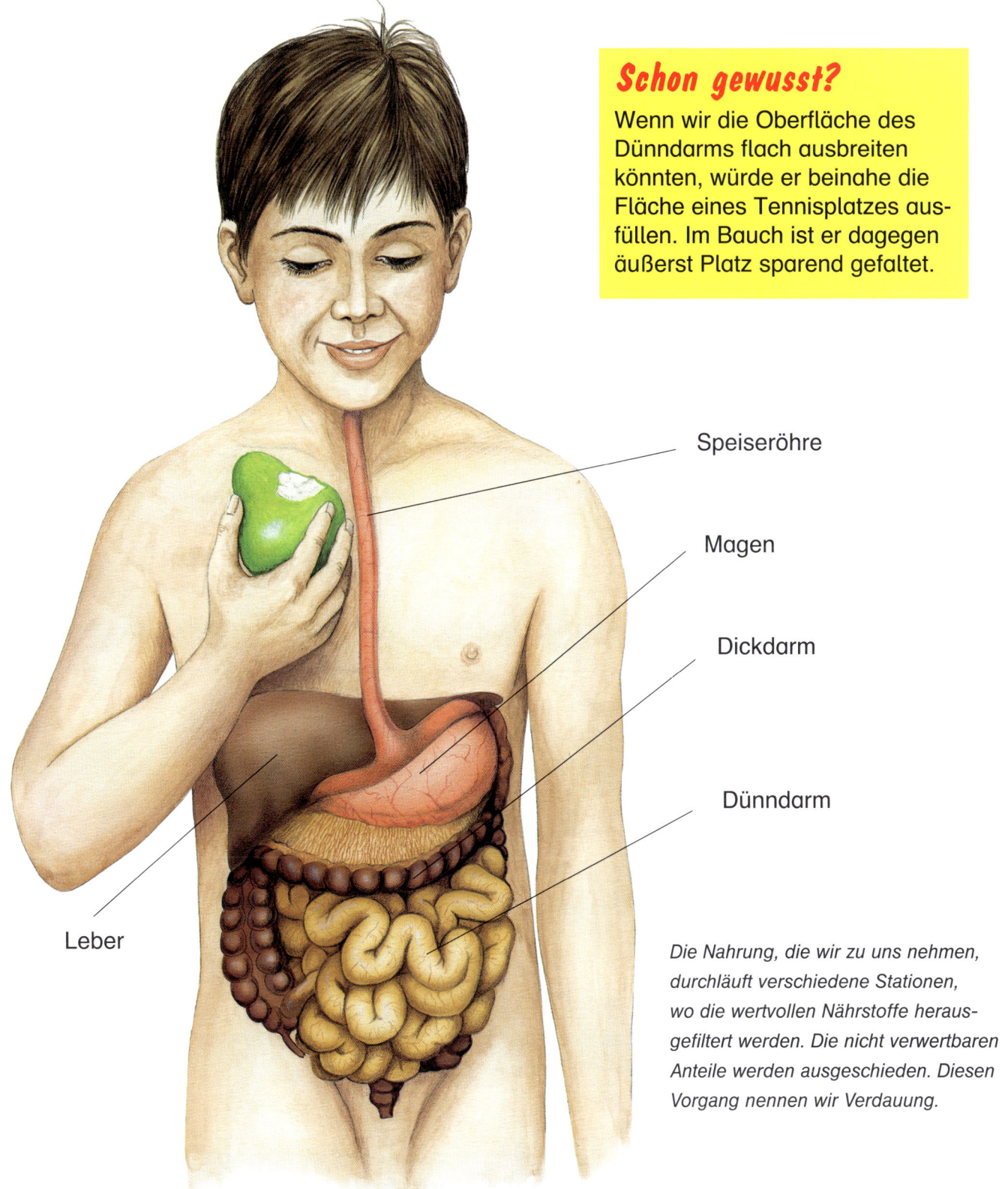

Speiseröhre

Magen

Dickdarm

Dünndarm

Leber

Die Nahrung, die wir zu uns nehmen, durchläuft verschiedene Stationen, wo die wertvollen Nährstoffe herausgefiltert werden. Die nicht verwertbaren Anteile werden ausgeschieden. Diesen Vorgang nennen wir Verdauung.

Leber, Galle, Bauchspeicheldrüse

Geschützt durch die unteren Rippenbögen liegt die 3 Pfund schwere Leber. Sie besteht aus einem großen rechten und einem kleineren linken Lappen. In die Leber führen zwei verschiedene Blutgefäße.

Die Leberarterie kommt vom Herzen und schickt sauerstoffreiches Blut zur Versorgung des Organs, die Pfortader hingegen kommt vom Darm und liefert alle Nähr- oder Giftstoffe an, die aus der Nahrung gelöst wurden.

In der Leber werden diese Nahrungsstoffe so umgebaut, dass sie dem Blut zugeführt werden können. Gleichzeitig werden Giftstoffe oder Schadstoffe abgebaut. Was von ihnen noch übrig bleibt, wird über die Niere mit dem Urin ausgeschieden.
Allein schon dieses Umbauen der Nahrungsstoffe und ihre Einspeisung ins Blut ist eine enorm komplexe Aufgabe. Doch das Multitalent Leber kann noch mehr: Für die Wundheilung produziert sie Stoffe, die das Blut für die Gerinnung braucht. Außerdem regelt die Leber auch die Menge der Kohlenhydrate im Körper. Dies sind die wichtigen Nährstoffe, die den Körper mit Energie versorgen.

Darüber hinaus produzieren die Leberzellen täglich rund 0,5 l an Gallenflüssigkeit, von der ein Teil in der Gallenblase gespeichert wird. Der andere Teil des bitteren, goldgelben Saftes fließt direkt in den Zwölffingerdarm, wo er schwer verdauliche Fette abbaut. Bei besonders fettreichen Speisen wird auch die Gallenblase angezapft und weiterer Gallensaft zur Verstärkung geliefert.

Hinter dem Magen liegt die etwa 80 g schwere Bauchspeicheldrüse. Sie produziert einen Saft, der die Nahrungsmittel in ihre Bestandteile zerlegen kann. Rund 2 l

des Bauchspeichels werden täglich über einen Gang an den Zwölffingerdarm abgegeben, wobei die Drüse zwischen den Mahlzeiten lediglich 5 ml Bauchspeichel pro Stunde produziert und erst richtig loslegt, wenn wir essen. Dann steigert die Bauchspeicheldrüse ihre Produktionsmenge auf annähernd 0,5 l pro Stunde, das ist das Hundertfache wie in der Ruhezeit. Zusätzlich produziert die Bauchspeicheldrüse auch wichtige Hormone, die sie in das Blut abgibt.

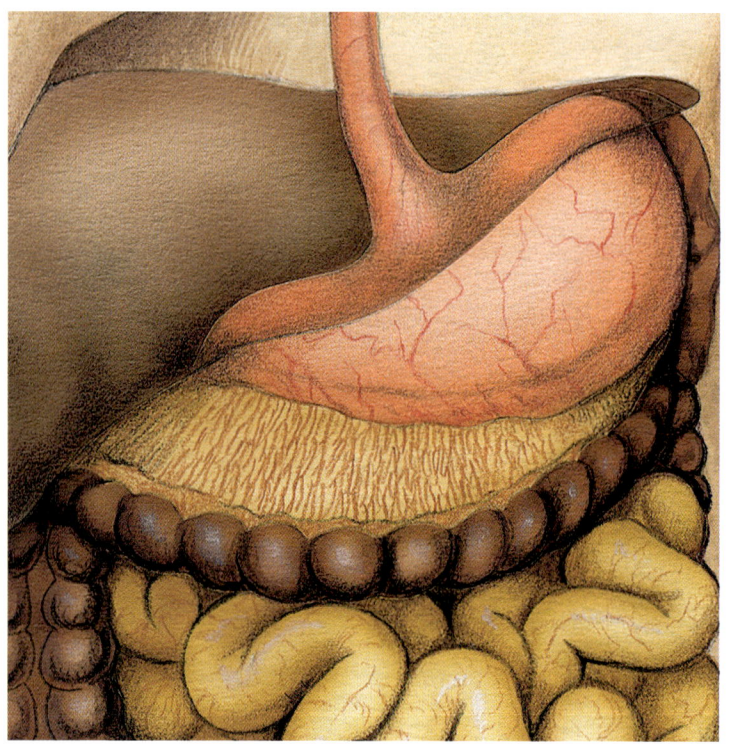

Die Aufgaben von Leber, Galle und Bauchspeicheldrüse sind eng mit dem Verdauungsprozess verknüpft.

Die Aufspaltung der Speisen funktioniert ähnlich wie das Sortieren von Müll: Erst wird zwischen verwertbar und unverwertbar unterschieden, dann werden die wertvollen Teile sortiert und in ihre Grundbausteine zerlegt. „Restmüll" und giftiger „Sondermüll" werden entsorgt.

Ähnlich wie bei der Mülltrennung sortiert unser Körper zunächst sorgfältig alle Stoffe. Wertvolle Stoffe bleiben unserem Organismus erhalten. Schädliche Stoffe werden aussortiert und vernichtet.

Schon gewusst?

Die Blutzellen der heranwachsenden Babys im Mutterbauch werden 7 Monate lang in der Leber hergestellt. Erst nach der Geburt übernimmt das Knochenmark diese Aufgabe.

Die Nieren

Nur etwa 10–12 cm beträgt die Länge der beiden Nieren, die links und rechts im hinteren, oberen Bauchraum liegen. Doch in ihrem Inneren enthalten sie ein System aus feinen Röhren, das 80 km lang ist. Durch dieses Filtersystem läuft ununterbrochen unser gesamtes Blut. Die Nieren reinigen es von Gift-

und Abfallprodukten. Sie sorgen auch dafür, dass der Körper genügend Wasser speichern kann, und leiten überschüssige Flüssigkeit und Abfallprodukte in die Blase. So füllt sich die Blase über mehrere Stunden mit dem Urin. Ist sie voll, haben wir das Bedürfnis, auf die Toilette zu gehen.

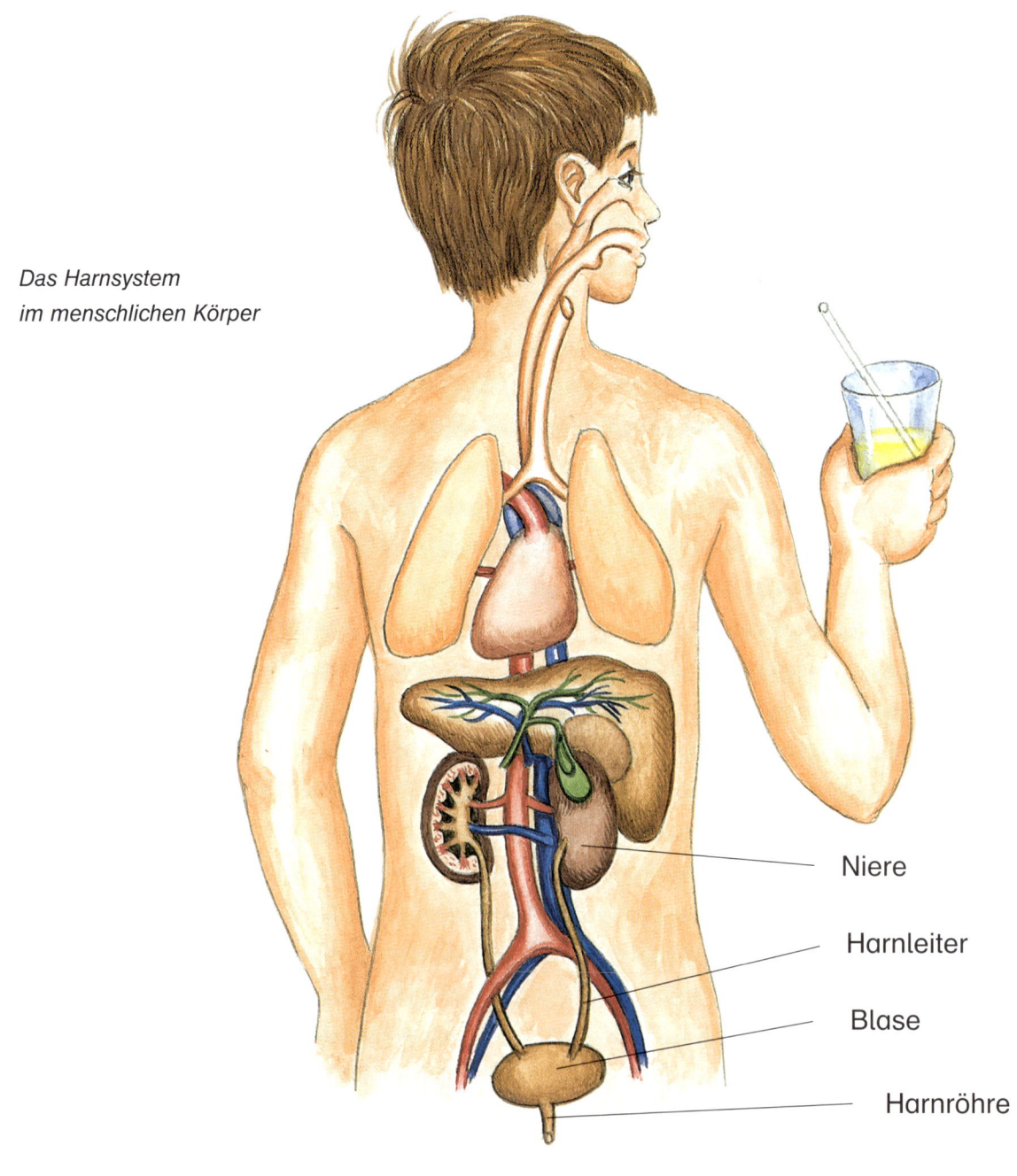

Das Harnsystem im menschlichen Körper

Niere

Harnleiter

Blase

Harnröhre

Die Nieren sehen aus wie riesige Bohnen. In der Mitte der nach innen gebogenen Seite gibt es eine Vertiefung, durch die eine Nierenarterie das Blut zum Reinigen in die Niere hineinführt. In der Nähe befindet sich eine Vene, durch die das gereinigte Blut zum Herzen hin wieder ausströmt.

In den Nieren wird das gesamte Blut gefiltert. Wie durch Filterpapier wird das Blut durch kleine Gefäßknäuel gepresst. Im Laufe eines Tages entstehen dabei 180 l einer Flüssigkeit, die Primärharn genannt wird. Da diese Flüssigkeit noch viele wertvolle Substanzen enthält, wird sie erneut gefiltert, wobei die nützlichen Substanzen dem Blut wieder zugeführt werden.

Am Ende dieses langen Filtervorgangs schrumpft die tatsächliche Menge an Urin auf etwa 1,5 l pro Tag. Über die Harnleiter wird dieser Urin allmählich in die Blase abgeführt, wo er vorübergehend gespeichert wird. Ihre Verbindung nach außen ist die Harnröhre. Wenn wir auf die Toilette gehen, fließt der Urin durch die Harnröhre hinaus.

Damit die Nieren gut arbeiten können, müssen wir immer genug trinken. Ein Erwachsener braucht mindestens 2–3 l am Tag.

Urin ist verräterisch. Anhand seiner Bestandteile können Labormediziner Krankheiten feststellen. Wer zum Beispiel an Diabetes (Zuckerkrankheit) leidet, hat einen bestimmten Zuckerstoff im Urin. Auch die Wirkstoffe aus manchen Medikamenten lassen sich nachweisen. Darum müssen Spitzensportler nach Wettkämpfen oft eine Urinprobe abgeben. Die Ärzte können an ihrer Zusammensetzung genau erkennen, ob der Sportler auch wirklich keine verbotenen, leistungsfördernden Medikamente eingenommen hat.

Durch eine Urinuntersuchung kann eine Frau auch erfahren, ob sie schwanger ist. Das Schwangerschaftshormon, das nur in dieser Zeit im Körper produziert wird, ist nämlich ebenfalls im Urin wiederzufinden. Mit diesem Wissen kann sich die werdende Mutter sehr früh auf ihr Baby einstellen.

Schon gewusst?

Die beiden Nieren eines Erwachsenen filtern in der Minute etwa 1,2 l Blut. Pro Tag ergibt das eine Menge von 1.700 l.
Man könnte auch sagen, dass das gesamte Blutvolumen eines Erwachsenen ungefähr 15-mal pro Stunde durch die Nieren fließt.

Die Geschlechtsorgane

Mädchen und Jungen sind nicht gleich. Während die Mädchen eine Scheide haben, besitzen Jungen einen Penis. Während der Pubertät wird die Liste der Unterschiede noch länger. Die Brust der Mädchen wird zum Beispiel größer als die der Jungen. Die Natur richtet den Körper des Mädchens allmählich so ein, dass es später Kinder bekommen kann. Die Brust enthält Drüsen, um Milch für einen Säugling zu produzieren. Auch der Körper des Jungen verändert sich so, dass er in der Lage ist, Kinder zu zeugen.

Zu den Geschlechtsteilen des Mannes gehören der Penis und der Hodensack. Beide kann man von außen sehen. Der Penis ist von einer dehnbaren Haut umgeben. Die Penisspitze, die Eichel, ist sehr empfindlich. Sie wird von einer Vorhaut geschützt. Im Hodensack befinden sich die beiden Hoden. In ihnen werden die Samenzellen, auch Spermien genannt, produziert und gelagert.

Die Scheide der Frau liegt innen im Körper. Der Eingang ist von außen nicht so leicht zu erkennen, er ist von den großen und kleinen Schamlippen, prallen Hautfalten, verdeckt. Beide sind sehr empfindlich. Die Scheide selbst ist ein etwa 8–10 cm langer Hohlraum, der zur Gebärmutter führt. Im oberen Teil der Gebärmutter zweigen rechts und links die beiden Eileiter ab. Sie sind etwa 12 cm lang und führen zu den Eierstöcken. Hier werden die Eizellen der Frau gebildet und aufbewahrt.

Ab der Pubertät der Mädchen, also etwa ab dem 11. bis 15. Lebensjahr, wird einmal im Monat eine Eizelle von den Eierstöcken abgegeben. Diesen Vorgang nennt man Eisprung. Die Eizelle wandert durch den Eileiter in die Gebärmutter und kann während dieser Zeit befruchtet werden.

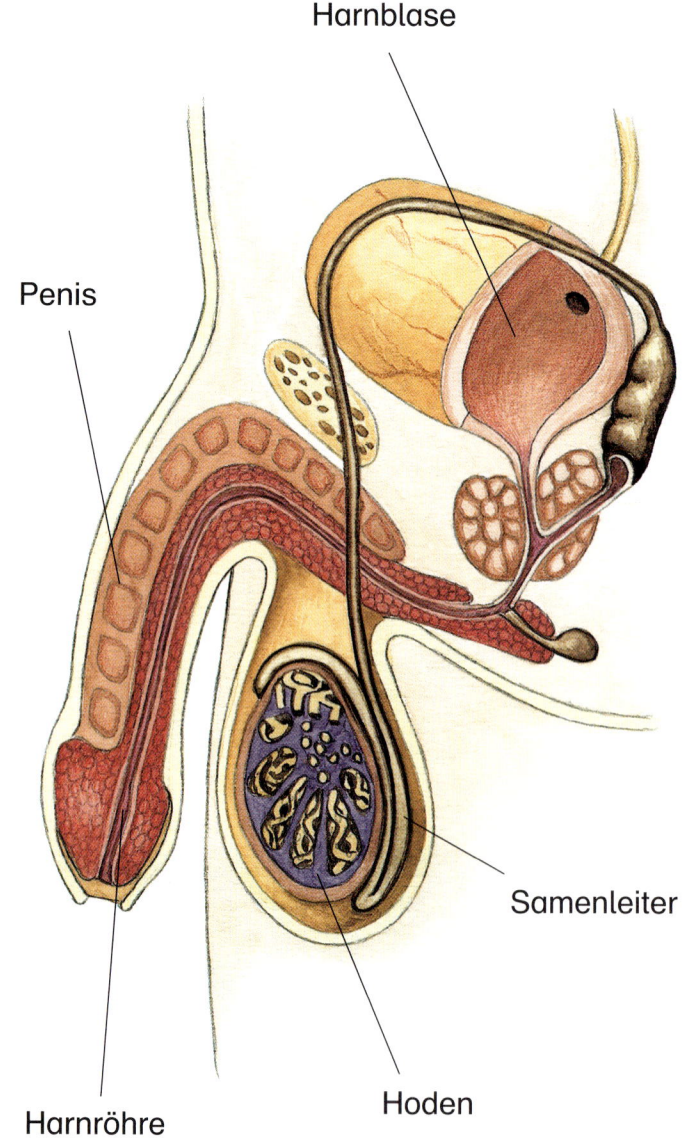

Die männlichen Geschlechtsorgane. Durch die Samenleiter und die Harnröhre gelangen die Spermien von den Hoden nach draußen.

Wenn die Jungen in die Pubertät kommen, produzieren die Hoden täglich Millionen von Spermien, die unter dem Mikroskop ein bisschen wie Kaulquappen aussehen – mit einem Kopf und einem Schwanz zum Schwimmen.

Wenn ein Mann mit einer Frau schläft, führt er seinen Penis in die Scheide der Frau ein. An einem bestimmten Punkt strömt die Samenflüssigkeit mit den Spermien durch Samenleiter und Penis und ergießt sich in die Scheide der Frau. Die Samenflüssigkeit enthält Millionen von Spermien, die durch die Gebärmutter zu den Eileitern schwimmen. Wenn eine Eizelle sich gerade auf den Weg in die Gebärmutter gemacht hat und auf ihrer „Reise" auf ein Spermium trifft, können die beiden miteinander verschmelzen. Eine Befruchtung findet statt und ein Kind entsteht. Ist die Eizelle auf ihrem Weg in die Gebärmutter aber nicht befruchtet worden, wird sie nach etwa 15 Tagen aus der Gebärmutter zusammen mit etwas Blut abgestoßen. Diesen Vorgang nennt man Menstruation.

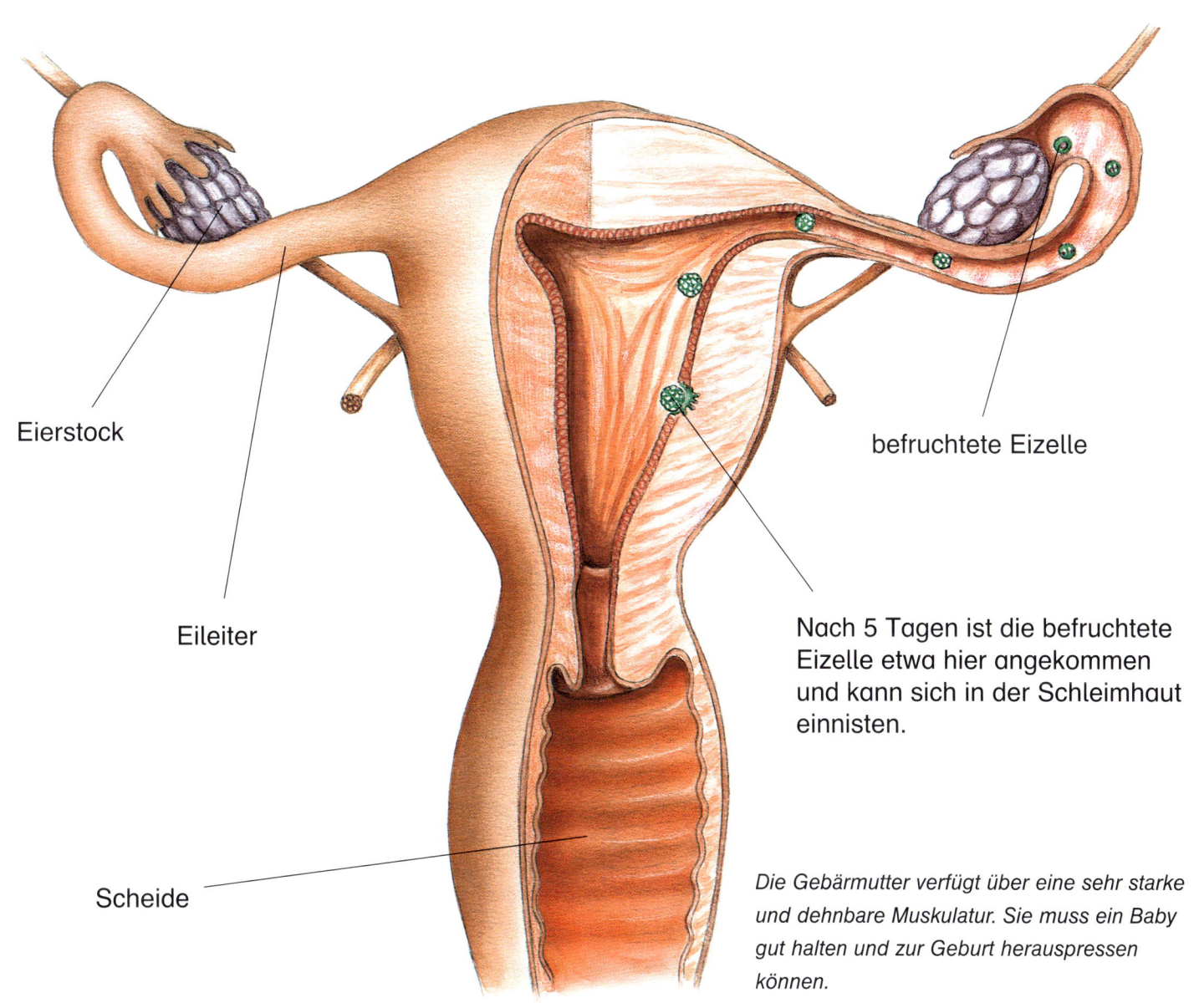

Eierstock

befruchtete Eizelle

Eileiter

Nach 5 Tagen ist die befruchtete Eizelle etwa hier angekommen und kann sich in der Schleimhaut einnisten.

Scheide

Die Gebärmutter verfügt über eine sehr starke und dehnbare Muskulatur. Sie muss ein Baby gut halten und zur Geburt herauspressen können.

Schwangerschaft und Geburt

Nach der Befruchtung der Eizelle dauert es 9 Monate, bis das Baby geboren wird. In dieser Zeit teilt sich die eine befruchtete Zelle immer weiter. Der anfängliche Zellhaufen wächst stetig und die Zellen spezialisieren sich, bis am Ende der Schwangerschaft ein Baby herangewachsen ist, dessen Körper schon aus Billionen von Zellen besteht.

Nach der Befruchtung nistet sich die Eizelle in der Gebärmutter ein. Hier ist das heranwachsende Baby bis zur Geburt geschützt und versorgt. An der Wand der Gebärmutter ist die Plazenta, der Mutterkuchen, angeheftet. Sie zieht Sauerstoff und Nährstoffe aus dem Blut der Mutter und gibt sie an das Kind weiter, das durch die Nabelschnur mit der Plazenta verbunden ist.

Mit 5 Wochen ist der Embryo 6–7 mm lang und hat schon Augen und ein Herz. Nach ungefähr 8 Wochen bezeichnen wir den Embryo als Fötus. Mit 12 Wochen sind alle wesentlichen Organe vorhanden und der Fötus ist ungefähr 7 cm lang. Wir können auch schon erkennen, ob es ein Mädchen oder ein Junge ist. Nach 24 Wochen wiegt der Fötus ungefähr 800 g. Würde der Fötus als Frühgeburt in dieser Phase auf die Welt kommen, wäre er bereits lebensfähig. Allerdings müsste der Winzling einige Zeit im Brutkasten liegen. Kurz vor der planmäßigen Geburt wiegen die meisten Babys etwa 3.200 g und sind rund 50 cm groß. Normalerweise liegen sie mit dem Kopf nach unten im Geburtskanal, so dass sie mit dem Kopf zuerst zur Welt kommen.

Während der Fötus im Mutterleib heranwächst, ist er von der so genannten Fruchtblase umgeben, einem Hautsack, der mit einer leicht salzigen Flüssigkeit gefüllt ist. Diese Fruchtblase platzt, wenn das Baby reif für seine Geburt ist. Vor der Geburt setzen die Wehen ein. Dabei zieht sich die Gebärmutter immer wieder und immer stärker zusammen, bis das Baby durch die Scheide nach draußen gepresst wird. In diesem Moment beginnt das große Abenteuer für den neuen Erdenbewohner – das Leben.

So verändert die Schwangerschaft den Körper einer Frau:
Während der ersten Wochen einer Schwangerschaft muss sich der Körper einer werdenden Mutter erst einmal umstellen. Als Folge davon wird manchen Frauen während dieser Phase häufig übel. Doch wenn diese Beschwerden überstanden sind, sehen viele Frauen besonders gut aus. Der Körper speichert vermehrt Wasser im Gewebe, was die Haut prall und gesund aussehen lässt. Ab der 13. Schwangerschaftswoche legt der Fötus besonders viel an Gewicht und Größe zu. Einige Schwangere entwickeln dann einen Heißhunger auf die merkwürdigsten Dinge, wie z. B. Marmeladenbrot mit sauren Gurken. Das kann ein Hinweis darauf sein, dass der Schwangeren bestimmte Nährstoffe fehlen.

Während der Schwangerschaft wachsen auch die Brüste der Frau. Die Milchdrüsen bereiten sich darauf vor, ab dem Zeitpunkt der Geburt Nahrung für das Baby zu produzieren.

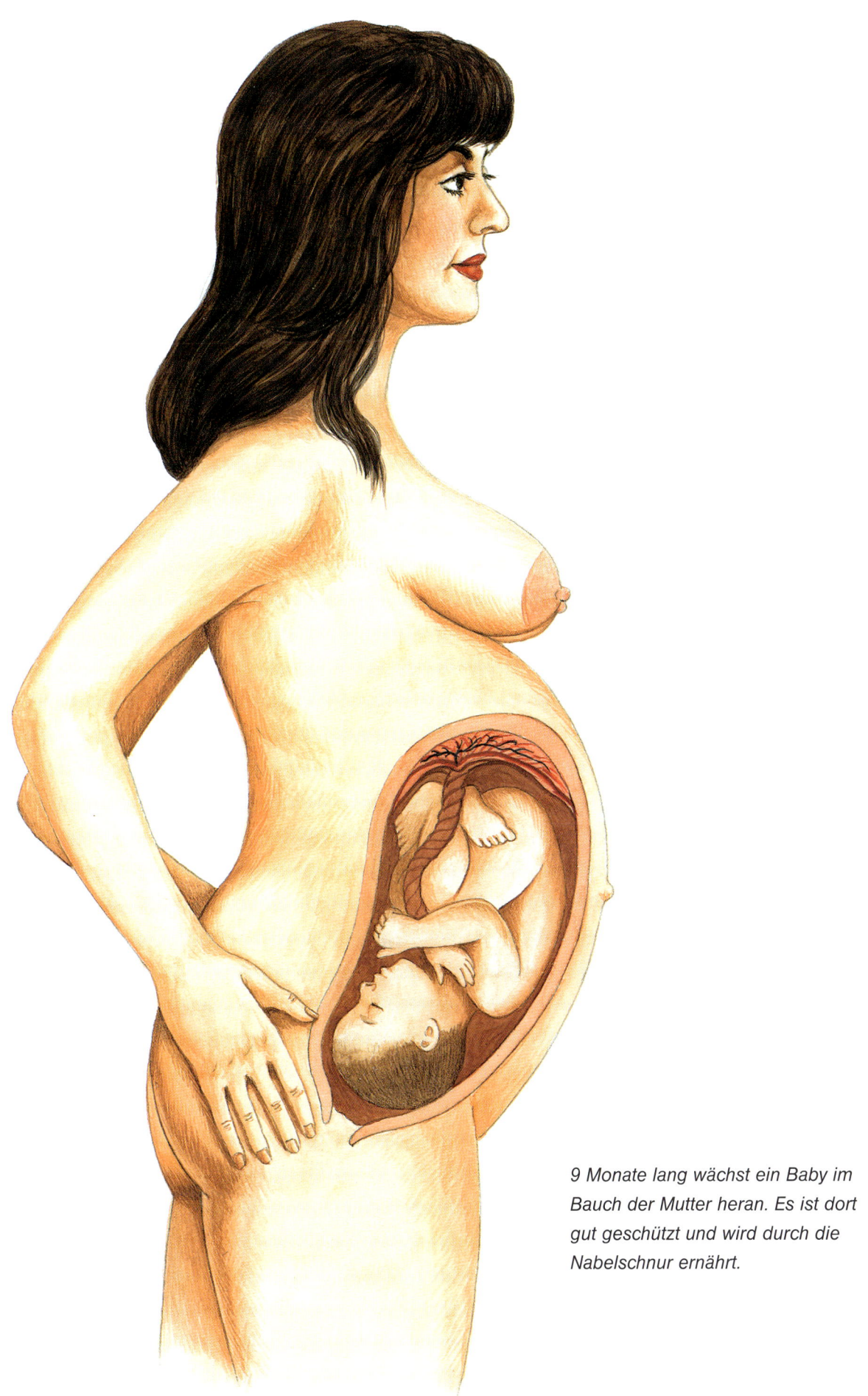

9 Monate lang wächst ein Baby im
Bauch der Mutter heran. Es ist dort
gut geschützt und wird durch die
Nabelschnur ernährt.

Gesundheit und Krankheit

Ständig sind wir von Bakterien, Viren oder anderen Krankheitserregern umgeben. Normalerweise ist das nicht schlimm, denn unser Körper wehrt diese so erfolgreich ab, dass sie gar nicht erst ins Innere gelangen.

Wenn wir aber krank werden, ist das ein Zeichen, dass es bestimmten Krankheitserregern doch gelungen ist, irgendwo einzudringen und sich einzunisten. Dann versucht der Körper sie unschädlich zu machen.

Die erste Abwehr gegen Eindringlinge übernimmt unsere Haut, die wie ein Schutzschild für unseren Körper ist. Gefährlich wird es, wenn Viren durch Wunden eindringen und sich so im Körper vermehren können.
Viren können auch über andere Körperöffnungen hereinkommen, zum Beispiel durch die Nase oder durch den Mund. Deshalb stehen die so genannten Flimmerhärchen an vielen Körperöffnungen „Wache" und befördern in regelmäßigen Wellenbewegungen Eindringlinge wieder hinaus. An einigen Stellen, wie in den Bronchien, haben sie Verstärkung.

Dort befinden sich in ihrer Nähe Zellen, die Schleim produzieren können. Der Schleim nimmt abgestorbene Zellen oder Staubpartikelchen auf und die Flimmerhärchen befördern den Schleim weiter. Wenn größere Mengen an Schleim abtransportiert werden müssen, kennt unser Körper einen Trick: Wir husten. Im Magen beseitigen die Verdauungssäfte mögliche Eindringlinge.

Normalerweise können wir uns ganz frei bewegen, denn der Körper hat gute Abwehrsysteme gegen Krankheitserreger aus unserer Umwelt.

Wenn wir krank sind, braucht unser Körper viel Ruhe.

Wenn wir trotzdem einmal krank werden, treten die weißen Blutkörperchen auf den Plan. Das ist die „Polizei", die hartnäckigere Schädlinge bekämpft. Die weißen Blutkörperchen benutzen zwar die Transportwege der Blutbahnen, doch sie können sie auch verlassen und sich in den Zellzwischenräumen bewegen. So können sie überall im Körper sein. Manche von ihnen werden zu Spezialisten und bilden Antikörper. Sie heften sich an die eingedrungenen Viren und markieren sie. Andere Spezialisten der weißen Blutkörperchen können die Eindringlinge so ausfindig machen und einfach auffressen.

Während dieser Kampf gegen die Eindringlinge abläuft, fühlen wir uns oft müde und schwach. Kein Wunder, der Körper braucht jetzt seine gesamte Energie. Manchmal bekommen wir auch Fieber. Das ist gut so, denn bei den höheren Temperaturen können sich die Viren viel schlechter vermehren.

Kinderkrankheiten

In der Kindheit ist unser Abwehrsystem noch ziemlich unerfahren. Deshalb sind die so genannten Kinderkrankheiten wie Masern, Scharlach, Windpocken oder Röteln für Kinder besonders ansteckend. Doch wenn unser Organismus einmal gelernt hat, mit den Viren fertig zu werden, haben diese Krankheiten keine zweite Chance. Wir werden immun gegen diese Erreger und bleiben normalerweise ein Leben lang von neuen Ansteckungen verschont.

Medizin und Pflege

Wir können vieles für unsere Gesundheit tun. So können wir darauf achten, dass wir uns gesund ernähren, regelmäßig Sport treiben und unseren Körper pflegen. Und es stehen uns eine Vielzahl ausgebildeter Menschen in medizinischen oder pflegenden Berufen zur Seite, die uns helfen, Krankheiten zu erkennen und zu behandeln.

Was fehlt dem Patienten? Das ist die erste Frage, die den Arzt beschäftigt, wenn der Patient in seine Sprechstunde kommt. Vieles kann er im Gespräch herausfinden. Auch die Haut verrät einiges über die Gesundheit des Menschen.
Manchmal sind aber zusätzliche Hilfsmittel notwendig. Das Blut und der Urin können in einem Labor auf ihre Bestandteile hin untersucht werden. Knochenbrüche werden durch eine Röntgenaufnahme in einem Röntgenapparat erkannt. Mit dem EKG, dem Elektrokardiogramm, werden die Herzschläge aufgezeichnet. Das ist nur eine Auswahl der vielen Möglichkeiten, die uns zur Verfügung stehen, um Krankheiten zu erkennen.

Mit einem Blick in den Rachen kann der Arzt eine Grippe erkennen.

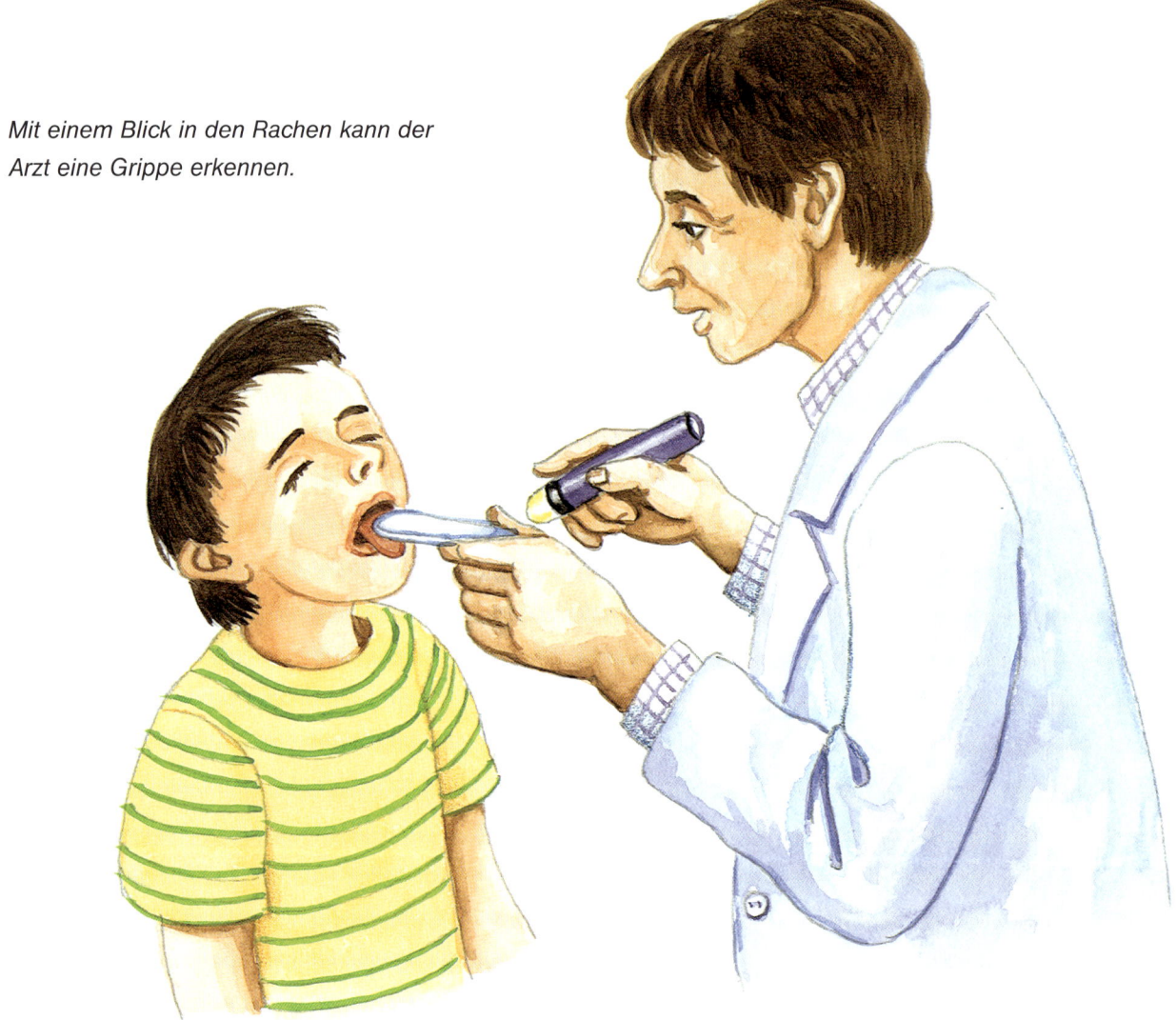

Die Heilkunst ist so alt wie die Menschheit selbst. Früher hatten die Menschen keine technischen Geräte, um Krankheiten zu erkennen und zu behandeln. Dafür hatte man andere Heilmethoden, zum Beispiel Massagen, Akupunktur oder Kräutermedizin. Heute entdecken Ärzte dieses in Vergessenheit geratene Wissen wieder. Es kann eine sinnvolle Ergänzung zur modernen Medizin sein.
Wichtig bei allen kleineren und größeren Krankheiten ist es, dass wir selbst daran mitarbeiten, wieder gesund zu werden. Nur wenn wir uns bei Krankheiten eine Ruhepause gönnen, können wir wieder schnell gesund werden.

Unser Körper gibt uns auch viele Signale, z. B Frieren oder Schmerz. Wenn wir sie beachten und uns entsprechend verhalten, müssen wir oft gar nicht erst krank werden.

Je sorgsamer wir mit unserem Körper umgehen, desto länger werden wir gesund bleiben und das Leben genießen können.

Ebenso wie eine gesunde Ernährung ist auch das seelische Gleichgewicht wichtig für unsere Gesundheit. Dafür brauchen wir Geborgenheit und liebevolle Kontakte zu anderen Menschen.

Register